Meine zwei Flammen. Ein praktisches Bordkochbuch.

MARETEAM
INTERNATIONAL

Meine zwei Flammen.
Ein praktisches Bordkochbuch.
Text und Redaktion: Klaus Bartels,
Konrad Kubisch (Conny's Küche)
Fotos: Klaus Bartels, Jürgen Duscha,
Konrad Kubisch (1)
Illustrationen: Werbeteam
Gestaltung: Ursula Duscha,
Ilona Rothenbacher
Satz: @d-cetera
Titelgestaltung: Jürgen Duscha
Druck und Bindung: Book Print, S.L., Barcelona
Printed in Spain
1. Auflage November 2002
ISBN 3-934919-02-2

Klaus Bartels, Jürgen Duscha
Schmalegger Straße 47
88213 Ravensburg

Bordküche

Jeder, der schon einmal auf schwankenden Planken versucht hat, Wasser heiß zu machen, weiß, dass an Bord einer Segel- oder Motoryacht vieles anders ist, als in der heimischen Einbauküche. Es gibt weder viel Platz noch unerschöpfliche Energie – und schaukeln kann es auch noch.

Es heißt also, völlig umzudenken, wenn in der Kajüte oder im Cockpit serviert werden soll. Es beginnt schon mit der Auswahl der Energie, des Herdes und der Küchenausrüstung und endet mit dem praktischen Kochen.

Normale Kochbücher sind in der Regel ungeeignet für den Bordgebrauch, denn ihre Rezepte berücksichtigen nicht die besonderen Bordumstände.

Anders ist es in diesem neuen praktischen Bordkochbuch. Der Autor Klaus Bartels ist nicht nur erfahrener Segler mit eigener Yacht, sondern auch begeisterter Hobbykoch, der den Kochlöffel schon seit vielen Jahren an Bord schwingt.

Er hat spezielle Rezepte für die Pantry notiert, mit denen köstliche Gerichte gelingen, und auch Grundsätzliches über das Kochen an Bord geschrieben.

Darüber hinaus gibt es viele Pantry-Tipps und auch unterhaltsamen Lesestoff – für die Zeit, in der das Essen gart.

INHALT

Smutjes Kombüsentipps

Geschichten, die das Segeln schreibt

Rezepte

Die ideale Bordküche

Ein guter Koch - oder natürlich auch Köchin – in der häuslichen Küche muss als Smutje umlernen. Die kleine Pantry auf schwankenden Planken unterscheidet sich vielfach von der gut ausgestatteten Einbauküche. Da fehlt nicht nur Platz, man muss auch an den beschränkten Energievorrat denken und in der Regel soll alles verhältnismäßig schnell gehen.

Es gibt viel zu bedenken für den Smutje, aber er kann sich mit ein wenig Überlegung den Kochalltag erleichtern und seinen Spaß dabei haben. Damit auch Einsteiger von Anfang an das Richtige machen, folgt unser kleines Bordküchen ABC.

Die Energiefrage

Gas oder Petroleum, was ist die bessere Energie für die Bordküche? Das ist eine Frage, über die sich schon viele Eignergemeinschaften in die Haare geraten sind. Dabei muss die Wahl durchaus keine Qual sein; denn der Leitgedanke bei dieser Ausrüstungsfrage sollte sein: in welchem Revier halte ich mich auf und wie sind die Möglichkeiten, Ersatz für die verbrauchte Energie zu beschaffen. Ohne Zweifel ist Gas die saubere und einfachere Lösung. Und wer sich an die Sicherheitsstandards bei der Installation hält, sorgfältig den Haupthahn nach jedem Gebrauch schließt und auch die regelmäßigen Serviceüberprüfungen in Auftrag gibt, geht vermutlich kein größeres Risiko ein, als ein Fußgänger, der vorsichtig eine viel befahrene Autostraße überquert.

Den Haupthahn nach jedem Gebrauch schließen!

Bordtaugliche Gasherde sind günstig, aber....

Als Vorteil zählt beim Gas der höhere Brennwert. Das heißt: Das Essen ist schneller fertig als auf einem Petroleumofen. Und es gibt noch einen Grund, die Gasflasche vorzuziehen.

Bordtaugliche Gasherde sind sehr viel günstiger in der Anschaffung als Petroleumherde. Diese vielen Vorteile zerfließen jedoch wie Butter in gleißender Sonne, wenn es darum geht, mit dem Schiff unsere angestammten Segelreviere, wie Ostsee, Nordsee, Ijsselmeer oder bedingt auch noch das nördliche Mittelmeer – zu verlassen.

Wer schon einmal versucht hat, auf einer kleinen Karibikinsel eine Gasflasche zu tauschen, wird sich mit Sicherheit einen Petroleumofen gewünscht haben.

Diesen Brennstoff gibt es fast in jedem Ort der Welt zu kaufen - genauso wie Diesel. Tatsächlich werden auch dieselbetriebene Kocher und Herde angeboten. Sie kosten in der Regel jedoch noch mehr als die im Vergleich zum Gasherd teureren Petroleumherde.

Allerdings hat ein Dieselherd einen ganz entscheidenden Vorteil: Man benötigt nur einen Treibstofftank, denn in der Regel wird der Herd aus dem Dieseltank für den Motor mit versorgt.

Resümee:

Gas als Brennstoff ist in heimischen Revieren anzuraten. Wer in exotische Reviere vorstoßen will und über genügend finanzielle Mittel verfügt, sollte Diesel dem Brennstoff Petroleum vorziehen.

Der Herd

Egal für welchen Brennstoff man sich entschieden hat, der Herd an Bord muß einige Mindestanforderungen erfüllen. Wer sich vorgenommen hat, mehr als nur Eintopfdosen zu öffnen und aufzuwärmen – das sind vermutlich die meisten, die dieses Buch lesen – benötigt mindestens einen zweiflammigen Herd mit einem Backofen. Die Bootsbranche hat uns die Auswahl leicht gemacht, denn mit dieser Art Kochstellen sind fast alle modernen Fahrtenyachten ausgerüstet.

Ein Zweiflammenherd mit Backofen gehört fast immer zur Standardausrüstung, und auch der Zubehörhandel bietet diese Größe in unterschiedlichen Variationen an.

Zweiflammenherd mit Backofen gehört fast immer zur Standardausrüstung

Wichtig – die halbkardanische Aufhängung

So wichtig wie die Ausstattung des Herdes ist die halbkardanische Aufhängung des Haupthandwerkszeuges des Bordkochs. Wer darauf verzichtet, kann beim Segeln nur bei wenig Wind heißen Kaffee oder ein Süppchen servieren. Notwendig sind auch spezielle Halter, in die der Topf oder eine Pfanne eingeklemmt werden können. Diese Topfhalter werden jedoch fast immer vom Hersteller mitgeliefert.

Einige Extremsegler haben sich mit Stahlfedern, kurzen Ketten und Metallhaken Vorrichtungen gebastelt, mit denen ein Topf auf dem Herd im wahrsten Sinne des Wortes festgeklemmt wird. Sinn macht eine derartige Vorrichtung allerdings nur, wenn der Topf – wie zum Beispiel ein Schnellkochtopf – einen dicht schließenden Deckel hat.

Allerdings ist davon auszugehen, dass nur die wenigsten Eigner mit ihren Yachten auf Extremtörns gehen.

Die meisten kochen sowieso nur im ruhigen Hafen oder am Ankerplatz. Wer sich unterwegs auf dem Törn von Hafen zu Hafen an den Herd stellt, ist deshalb meistens mit den konfektionierten Halterungen gut bedient.

Resümee:

Ein funktionstüchtiger Bordherd hat mindestens zwei Flammen und einen Backofen und muß halbkardanisch aufgehängt sein sowie über Topfhaltevorrichtungen verfügen.

Die Töpfe und Pfannen

Die meisten Bordköche wissen es aus Erfahrung: Je höher die Ränder der Töpfe und Pfannen sind, um so besser kann man sie an Bord gebrauchen - jedenfalls wenn bei etwas Seegang oder Krängung gekocht werden soll. Bei der Anschaffung von Kochutensilien für das Boot sind deshalb tunlichst immer die möglichst „höchsten" Töpfe oder Pfannen zu wählen. Ihre Größe ist abhängig davon, für wie viele Mitsegler man kocht. Die meisten Eigner sind erfahrungsgemäß mit kleiner Crew unterwegs.

Sie sollte jedoch daran denken, dass ab und zu Gäste an Bord erwartet werden. Mindestens ein großer Topf und eine etwas größere Pfanne sollten deshalb ihren Platz in dem Kombüsenschrank gefunden haben. Allerdings ist der Umfang der gesamten Küchenausrüstung von den Staumöglichkeiten abhängig. Man sollte sich zur Regel machen, dass Küchenutensilien möglichst in der Nähe des Herdes verstaut werden und schnell zur Hand sind. Wer immer erst das halbe Schiff umräumen muss, um Töpfe oder Pfannen zu erreichen, dem vergeht schnell die Lust am Kochen.

Beim Anschaffen der Kochutensilien möglichst hoheTöpfe und Pfannen wählen

Als Standardausrüstung für beispielsweise eine zehn Meter lange Yacht, haben sich bewährt:

1 Topf
mit rund 20 Zentimeter Durchmesser.
1 Topf
mit 15 Zentimeter Durchmesser,
1 kleine Bratpfanne,
1 große Bratpfanne,
Durchmesser 30 Zentimeter.
1 mittelgroßer Schnellkochtopf.

Dabei ist zu bedenken, dass Pfannen ohne Stiel – es gibt sie auch mit zwei Griffen – leichter zu verstauen sind als die üblichen Bratpfannen, und man sollte auf jeden Fall beschichtete Pfannen benutzen, auf der das Bratgut nicht anbrennen kann.

Da zur Kombüsenausrüstung auch Topflappen gehören, bereitet der Umgang mit einer stiellosen Pfanne keine Schwierigkeiten.

Man benötigt natürlich auch Kochlöffel an Bord. Da empfiehlt sich wirklich Mutters kleiner, runder Holzkochlöffel. Bei den modernen, breiten Kunststofflöffeln besteht die Gefahr, dass auch schon bei kleinen, unberechenbaren Schiffsbewegungen während des Rührens ein Teil des Topfinhaltes ungewollt über den Rand befördert wird.

Holzkochlöffel nicht vergessen!

Resümee:

Töpfe und Pfannen müssen einen hohen Rand haben. Ihre Größe ist von der jeweiligen Anzahl der Mitsegler abhängig.

Schüsseln und Teller

Manche Salznacken servieren alles aus dem Topf. Das spart Schüsseln und später gibt es weniger Arbeit beim ungeliebten Abwaschen. Allerdings sind diese Seebären aufgeschmissen, wenn es beispielsweise einmal einen Salat geben soll.

Außerdem isst das Auge ja bekanntlich mit und eine Schüssel macht sich immer besser auf dem Kajüttisch als ein Topf oder eine heiße Pfanne oder sogar die Bordpütz, die tatsächlich auf einigen Booten als Salatschüssel herhalten musste.

Esskultur an Bord

Wer ein wenig Esskultur an Bord praktizieren will, sollte mindestens drei unterschiedlich große Schüsseln zur Kombüsenausstattung zählen. Davon muss eine so groß sein, dass sie für einen gemischten Salat für vier Personen ausreicht.

Für ihre Anschaffung ist es nicht nötig, viel Geld auszugeben. Auch auf kleineren Yachten, die sich in Wellen sehr viel stärker bewegen als größere Boote, haben sich preiswerte Glasschüsseln gut bewährt. Man muss nicht in teures unzerbrechliches Geschirr investieren. Wer die Glasschüsseln vor dem Verstauen in ein Geschirrtuch schlägt und darauf achtet, dass sie nicht im Schapp hin- und herfliegen können, wird die Schüsseln heil durch die Stürme des Seglerlebens bringen.

Übrigens: Crews, die sich häufig gesunde Salate munden lassen, werden schon bald darauf kommen, dass auch eine Salatschleuder an Bord ein äußerst hilfreiches Zubehör ist. Es sei denn, Ihnen macht es nichts aus, wenn Sie beim kräftigen Schleudern über dem Kopf des in einem frischen Geschirrtuch eingepackten, gewaschenen Salats für eine Art örtlichen Regenschauer im Cockpit sorgen.

Die Gewürze

Bei der Gewürzausstattung können sich die Bordköche an dem orientieren, was sie auch zu Hause benutzen und das ist in der Regel immer weniger als beispielsweise in konfektionierten Luxusgewürzborden angeboten wird.

In der Praxis haben sich neben Salz, Zucker und schwarzem Pfeffer folgende Würzmittel als ausreichend erwiesen:

Knoblauchpfeffer, italienische Kräutermischung (diese Gewürzmischung ist milder als die Kräuter der Provence), Soyasauce, Worcestersauce, getrocknete Salbeiblätter (werden selten benötigt), Currypulver, ein Glas Brühekonzentrat, kleine getrocknete Chilischoten, Nelkenpulver, Muskatnuss, Parmesan, Balsamico-Essig, Olivenöl.

Als Würzmittel können auch frische Zwiebeln und Knoblauchknollen sowie trockener Weißwein verstanden werden - aber letzteres hat man in der Regel sowieso an Bord.

Salz, Zucker,
schwarzer Pfeffer
Curry, Soßen,
Brühekonzentrat

Einkaufen vor dem Törn

Der beschränkte Stauraum auf einer Yacht sollte mit Bedacht genutzt und für die Lebensmittel und Getränke benutzt werden, die im Zielgebiet nur schwer zu bekommen sind, oder deren Einkauf im Ausland die Bordkasse besonders stark belasten.

Für Touren nach Skandinavien ist daran zu denken, dass insbesondere in Schweden, Norwegen und Finnland Wein, Bier und stärkere alkoholische Getränke sehr viel teurer sind als in Deutschland. Über die erlaubten Mengen, die man einführen darf, gibt es Informations-Broschüren beim deutschen Zoll.

In Dänemark ist der Preisunterschied zu Deutschland bei Bier und Wein nicht mehr so gravierend. Anders sieht es noch bei harten Schnäpsen aus.

Für die meisten Segler ist die Zeit vorbei, in der sie ihr Boot beispielsweise vor einem Ostseetörn nach Dänemark und Schweden mit Eintopfdosen vollstopften. Die kulinarischen Ansprüche sind gestiegen. Aber es erübrigt sich mittlerweile auch, alle benötigten Lebensmittel für einen Urlaubstörn im heimischen Supermarkt zu kaufen. Zumal man dann auf viele frische, nicht lange haltbare Zutaten verzichten muss.

Vor allen Dingen in Dänemark, aber auch bedingt in Schweden kann man fast alle Lebensmittel zu moderaten Preisen erwerben.

Informations-
Broschüren beim
deutschen Zoll

Wichtig – die Zusammenstellung des Einkaufs

Darüber hinaus besteht die Möglichkeit, sich in den meisten Gasthäfen mit frischem Obst und Gemüse einzudecken. Als praktisch hat sich allerdings erwiesen, etwa drei, vier Fertiggerichte in Dosen an Bord zu haben, die nach einem langen Törn – wenn niemand mehr Lust hat Smutje zu spielen – schnell warm gemacht werden können. Ergänzen kann man diese Eintöpfe beispielsweise mit Würstchen aus der Dose. Wer hier beim Einkauf auf gute Qualität achtet, kann diesen Schnellimbiss an Bord durchaus genießen.

Bei der Zusammenstellung des Einkaufs für den Urlaubstörn sollte besonders auf einige Grundnahrungsmittel Wert gelegt werden, die man vielfältig einsetzen kann.

Beispiele: Olivenöl; Tomaten in Dosen als Grundstoff für unterschiedliche Saucen; Fonds im Glas verschiedener Geschmacksrichtungen (Fisch, Rind, Huhn) für Suppen und Saucen, Champignons in Dosen; getrocknete Steinpilze; einige Dosen Thunfisch als Brotaufstrich oder für Saucen;

Dosen mit Sardinenfilets in Öl; vakuumverpackter, luftgetrockneter Schinken; Frühstücksspeck; haltbare Sahne; Cornedbeef in Dosen; verschiedene Wurstsorten in Dosen als Brotaufstrich; luftgetrocknete Salami; Pesto im Glas; Parmesan, H-Milch, haltbare Gnocchi.

Auch die „knappe" Energie an Bord sollte beim Einkauf eine Rolle spielen. Es ist immer besser, sich für Nahrungsmittel zu entscheiden, deren Garzeit kürzer ist. So gibt es schnell kochenden Reis (maximal acht Minuten), besonders dünne Spaghetti, die nach wenigen Minuten Kochzeit gar sind und Kartoffelpüree, das in heiße Milch eingerührt werden kann.

Frischer Fisch auf den Tisch

Den Fisch sollten Sie direkt vom Kutter oder im Fischladen kaufen. Dort ist es immer möglich, den Fisch ausnehmen zu lassen. In Dänemark ist es beispielsweise üblich, dass von Plattfischen wie Goldbutt (Rødspætte) oder Flunder (Skrubbe) darüber hinaus die schwarze Haut abgezogen und der Kopf entfernt wird. Der Plattfisch ist nach dem Waschen küchenfertig.

Was aber geschieht, wenn aus irgendeinem Grund plötzlich ein lebender Fisch verarbeitet werden muss.

Zuerst heißt es: Knüppel auf den Kopf. Der Fisch muß mit einem kräftigen Schlag getötet und umgehend geschlachtet werden.

Danach orientiert man sich an drei S: Säubern, Säuren, Salzen.

Ausnehmen:

Der Bauch wird bei den meisten Fischen von unten mit einem sehr scharfen Messer von der Darmöffnung nach oben bis zum Kopf aufgeschnitten. Dann befreit man die Bauchhöhle von den Innereien und den Innenhäuten.

Anders ist es bei Plattfischen. Ihnen schneidet man den Kopf ab und erreicht so die Bauchhöhle auf der hellen Seite zum Ausnehmen. Geübte Fischer schneiden den Kopf so ab, dass sie ihn mit einem Griff zusammen mit den Innereien entfernen können.

Die drei S:
Säubern, Säuren, Salzen

Enthäuten:

Die Haut sollte man auch von Seezunge, Steinbutt und Aal entfernen sowie von allen Fischen, deren „Fleisch" zu Filets verarbeitet werden soll. Bei der Häutung beginnt man in der Regel am Schwanzende. Aale werden jedoch vom Kopfende her enthäutet.

Entschuppen:

Bei anderer Zubereitung wie Dünsten und Braten des gesamten Fisches müssen vorher die Schuppen entfernt werden. Dabei hält man den Fisch am besten mit einem Tuch an der Schwanzflosse fest und beginnt die Schuppen zum Kopfende hin mit einem stumpfen Messer zu entfernen.

Jetzt beginnen die drei S:

Säubern:

Nach dem Ausnehmen, Entschuppen oder Enthäuten und gegebenenfalls dem Entfernen von Schwanzflosse und Kopf muss der Fisch gründlich unter fließendem Wasser gespült werden.

Säuren:

Damit das Fleisch weiß und bissfest bleibt, sollte der gewaschene Fisch getrocknet und mit Zitronensaft oder Essig gesäuert werden. Das mildert auch den Fischgeruch, obwohl frische Fische kaum nach Fisch riechen.

Salzen:

Gesalzen wird der Fisch erst unmittelbar vor dem Garen.

Fast jeden Fisch kann man auf dreifache Weise garen: Kochen, Dünsten oder Dämpfen (in Alufolie) und Grillen oder Braten.

Übrigens:

Fischgeruch entfernt man von den Händen leicht mit Zitronensaft.

Kleine Pantry-Trickkiste

Energie sparen beim Reis kochen

Reis und Salzwasser im Verhältnis 2:3 in einen Topf geben und aufkochen. Anschließend den Topf zugedeckt in ein dickes Handtuch einschlagen und unter eine Decke in eine Koje stellen. Nach etwa 30 Minuten ist der Reis gegart – ohne eine Herdflamme zu belegen.

Fett in der Pfanne

Die richtige Temperatur zum Braten hat das Fett, wenn ein hineingehaltener hölzerner Kochlöffel rundherum kleine Bläschen wirft.

Kein Überkochen mehr

Ein Schuss Öl im Nudelwasser verhindert ein Überkochen und erspart so mühsames Putzen des Herdes.

Knusprige Bratkartoffeln

Bratkartoffeln werden schön knusprig, wenn man die kalten Kartoffeln mit etwas Mehl bestäubt und sie dann in heißem Pflanzenfett brät. An Bord sollte man immer im Schnellkochtopf vorgekochte Kartoffeln braten, weil so weniger Energie verbraucht wird.

Kochen

Fleischbrühwürfel mitkochen

Garzeit

Kartoffeln sollten vor dem Kochen in gleich große Stücke geschnitten werden, damit sie zur gleichen Zeit gar sind.

Sollen große und kleine Kartoffeln in einem Topf gleichzeitig gar werden, sollten die großen vorher in der Mitte mit einer dicken Nadel durchstoßen werden.

Nudeltipp

Nudeln schmecken besonders gut, wenn ein Fleischbrühwürfel mitgekocht wird. Wer ein Zusammenkleben nach dem Abgießen des Kochwasser verhindern will, gibt vorher einen Esslöffel Öl ins Wasser.

Pellkartoffeln

Pellkartoffeln lassen sich viel leichter pellen, wenn beim Kochen ein Schuss Öl ins Wasser gegeben wird

Saftige Steaks

Steaks trocknen beim Braten nicht so schnell aus, wenn sie mit Olivenöl eingerieben wurden.

Suppe versalzen

Eine versalzene Suppe kann man retten, indem geraspelte frische Kartoffeln zugefügt werden. Sie mindern nur den Salzgeschmack, beeinflussen aber nicht den Suppengeschmack.

Kein Fischgeruch

Fischgeruch beim Braten oder Kochen kann vermieden werden, wenn der Fisch vorher mit Essig oder Zitronensaft abgerieben wird.

Frischhalten

Karottentipp

Frische Karotten sollten nie mit ihrem Kraut aufbewahrt weden, denn es entzieht den Wurzeln die Feuchtigkeit und lässt sie schneller welken.

Frische Kräuter

Feuchtes Küchenpapier auf den Boden einer Tupper-Dose legen, bevor die Kräuter hineinkommen und dann die Dose sorgfältig schließen. Die Kräuter bleiben für einige Tage frisch wie aus dem Garten.

Immer frische Butter

Auch ohne Kühlschrank bleibt Butter lange haltbar, wenn sie mit aufgekochtem und dann abgekühltem Salzwasser begossen wird. Die Butter muss vom Salzwasser bedeckt sein.

Käsetricks

Käse schimmelt nicht, wenn man ein Stück Würfelzucker mit in die Käsedose legt.

Frischer Parmesan hält sich wochenlang frisch, wenn er im Stück gekauft und in einem Gefäß mit Salz aufbewahrt wird.

gemahlenen Bohnenkaffee im Kühlschrank aufbewahren

Salz und Zucker

Reiskörner im Salzstreuer verhindern besonders an Bord, dass das Salz durch die Luftfeuchtigkeit verklebt und nicht mehr streufähig ist.

Damit Zucker nicht klumpt, legt man eine Scheibe Brot mit in die angebrochene Packung.

Geflügel aufbewahren

Ein frisches, bratfertiges Brathähnchen ist länger haltbar, wenn es in ein Tuch eingewickelt wird, das mit Essigwasser (Mischverhältnis 1:1) getränkt ist.

Schinken im Stück

Viele Crews nehmen ein großes Stück geräucherten Schinken mit auf Törn. Das Fleisch trocknet nicht so schnell aus, wenn die jeweils letzte Schnittstelle leicht mit Olivenöl bestrichen wird.

Bohnenkaffee

Fertig gemahlener Bohnenkaffe sollte in einer luftdichten Dose im Kühlschrank aufbewahrt werden. So bleibt er viel länger frisch und behält sein Aroma.

...und dann noch...

Fischkauf

Fisch ist dann frisch, wenn die Augen klar und glänzend sind und etwas vorstehen. Die Kiemen sollten rot oder rosa sein. Trübe eingefallene Augen und graue Kiemen sind Zeichen, dass der Fisch schon etwas älter ist.

Entschuppen

Die Beseitigung von Fischschuppen wird erleichtert, wenn der Fisch vorher kurz in heißes Wasser getaucht oder mit Essig eingerieben wird.

Schneller sauber

Das Reinigen der Bratpfanne wird erleichtert, indem man sie noch im heißen Zustand mit Salz ausstreut und mit Küchenpapier ausreibt.

Aus alt mach neu

Ältere, rohe Kartoffeln legt man mit Schale am Abend ins kalte Wasser, dann lassen sie sich am nächsten Tag leichter schälen.

Weiße Champignons

Champignons behalten nach dem Putzen und Schneiden lange ihre frische Farbe, wenn sie mit Zitronensaft übergossen werden. Es muß kein frischgepresster Saft sein. Es geht auch mit Zitronensäure.

Kühle Getränke ohne Kühlschrank

Die Getränkeflasche wird in ein nasses Handtuch gewickelt und an einen schattigen, aber zugigen Platz an Deck gestellt. Nach etwa einer halben Stunde ist das Getränk um etliche Grad abgekühlt.

Champignons mit Zitronensaft übergießen

Geschichten, die das Segeln schreibt

Es sind kleine Geschichten von Seglern und vom Segeln, die in diesem Kapitel zu finden sind. Sie sollen in erster Linie zum Schmunzeln anregen. Vielleicht erkennt sich der eine oder andere segelnde Leser sogar darin oder hat ähnliche Erfahrungen gemacht.

Es gibt aber auch Nützliches.

Der Törnbericht „Fischküche rund Fünen“ bietet viele Tipps aus dem wohl am häufigsten befahrenen Segelrevier in der Ostsee und eignet sich zum Nachsegeln oder zum Nachfahren mit dem Motorboot.

Autor Klaus Bartels läßt die Leser an seiner langen Segelerfahrung in diesem besonders attraktiven Revier rund um die dänische Insel Fünen teilhaben und gibt beispielsweise Hinweise, wo Crews frischen Fisch kaufen können, oder wo es schöne Ankerplätze gibt.

Eine kulinarische Inselumrundung

„Also“, sprach die Bordfrau, als im Frühling der Sliptermin näher rückte. „Beim nächsten Urlaubstörn will ich keine Meilenfresserei – keinen Stress an Bord“. Weil bei uns die Kriterien für das Wort „Meilenfresserei“ meilenweit auseinander liegen, und der Satz nach dem „also“ den Tonfall hatte, dass die anschließende Diskussion länger dauern würde, kam es schnell zur Einigung.

Nur ganz gemütlich in den Sommer segeln: Wie macht man das eigentlich?

Ganz einfach, überlegten wir uns: Es wird keine konkrete Zielplanung geben, kein Anholt, kein Læsø, kein Bornholm und schon gar nicht hoch in die schwedischen Schären.

Wir planten anders: Viel Segeln – man hat schließlich ein Segelboot – aber möglichst nie gegenan, nicht stundenlang auf der Kante sitzen, und in den Häfen soll ausführlich gekocht werden. Letzteres ist durch den zweiflammigen Gaskocher mit Backofen an Bord unserer knapp zehn Meter langen Albin Nova durchaus möglich.

Am ersten Ferientag schreibt der Wind aus südwestlicher Richtung mit moderaten drei bis vier Beaufort den Kurs vor. Da nicht aufgekreuzt werden soll - Beschluß ist Beschluß - geht es vom Heimathafen Kiel mit raumen Kurs zum Alsen Sund. Vor dem Ablegen erfolgt die Navigation, die sich auf die Eingabe des Wegepunktes „72" im GPS beschränkt. Das so präparierte GPS-Gerät führt uns jetzt auf dem direkten Weg zur südwestlichen Begrenzungstonne des Sperrgebiets Schönhagen. Seitdem die beiden weit sichtbaren Erdölförderungsplattformen vor dem Ferienzentrum Damp abgebaut wurden, die über Jahrzehnte liebgewonnene Peilmarken waren, muss jetzt der Blick doch öfter auf den Kompass fallen.

In der Nähe der Sperrgebietstonne beginnt ein bei Seglern beliebtes Spiel. Wir halten verstärkt Ausschau nach einem Polizei- oder Küstenwachboot. Dieses Militärgewässer ist durch Wasserschutzpolizei und Bundesgrenzschutz zu einer kleinen, aber ständig sprudelnden Einnahmequelle für den Staat geworden. Wer durch das Gebiet segelt und dabei erwischt wird, muss Bußgeld zahlen. „Kein blaues Schiff in Sicht und auch kein Verkehrssünder", vermeldet die Bordfrau. Sie wagt, ein wenig zu „schnippeln" und steuert ein paar hundert Meter durch das verbotene Gebiet. Es lebe die Anarchie.

Der Wind frischt etwas auf und die Nova segelt mit fast sieben Knoten an Schleimünde vorbei. Schneller als geplant sind wir vor der Marina Sonderburg.

Ein Ankerplatz in der stillen Dyvig

Nach knapp 42 Meilen auf der Logge müßte es eigentlich reichen, wenn Gemütlichkeit den Törn bestimmen soll. Aber wir entscheiden uns anders, denn das Wetter ist gut, die Drehbrücke über den Alsensund wird sich in knapp 15 Minuten öffnen, und ein Ankerplatz in der stillen Dyvig am ersten Urlaubstag ist besser als jede Box in einem Hafen.

Das Licht ist bereits rötlich und die lange nordische Dämmerung hat begonnen, als wir die Segel bergen und in die gut geschützte Ankerbucht im Norden der Insel Alsen einlaufen. Wir steuern langsam in die von der Dyvig in Richtung Süden führende Mels Vig.

Seitdem es am Ende dieses Fjordes einen kleinen privaten Hafen gibt, ist ein Fahrwasser ausgetonnt.

Wie nicht anders zu erwarten war, liegen bereits große und kleine Yachten vor Anker. Mit ständigem Blick auf das Echolot suchen wir uns eine Lücke und lassen am östlichen bewaldeten Ufer auf drei Meter das Eisen fallen. Das Wasser ist spiegelglatt, einige Amseln trällern ihr Abendlied und ganz langsam geht die Sonne unter. Einhellige Meinung an Bord: Die letzten Meilen mehr haben sich gelohnt.

Im abendlichen Seewetter-bericht (Radio Kalundborg 22.45 Uhr, Mittelwelle 1262 kHz) wird für morgen Nachmittag eine Winddrehung auf Nordost vorhergesagt. Da kann es schwierig mit unserem Vorhaben werden, nicht zu kreuzen.

Es kommt wieder einmal anders, als die Meteorologen vorhersagten. Der Wind weht weiter aus Südwest. Als er uns am nächsten Morgen weiter Richtung Norden schiebt, wird der Kurs auf Hejlsminde, dem kleinen Hafen im Westen des Kleinen Belts festgelegt.

In Hafenhandbüchern wird das Anlaufen dieser Marina aufgrund des geringen Tiefganges und eines „schlecht markierten Fahrwassers" nicht empfohlen. Glücklicherweise richten sich die meisten Segler danach, denn es gibt meistens freie Plätze – und für uns noch viel wichtiger: Man kann bei dem Noor-Fischer, nur einen Steinwurf vom Hafen entfernt, fangfrischen Fisch kaufen. Darüber hinaus gibt es in der Nähe des Hafens einen weißen Sandstrand mit guten Bademöglichkeiten.

Wir laufen unter Maschine in die Hejlminder Bucht ein, denn schon im Arø-Sund, war dem Wind die Puste ausgegangen und die angekündigten Nordostwinde ließen auf sich warten.

Radio Kalundborg 22.45 Uhr, Mittelwelle 1262 kHz

Im Angebot des Noor-Fischers gibt es neben Aalen auch Skrubbe (Flunder). Wir lassen uns vier der Plattfische ausnehmen und die schwarze Haut auf der Oberseite abziehen. Im Gegensatz zu Deutschland, ist die Entfernung der festen Haut in Dänemark üblich. Das bedeutet nicht nur, dass der Fisch schneller gar wird, sondern er ist auch viel einfacher zu essen. Darüber hinaus wirken die Gewürze besser. So sollte man mit dem Salz sparsamer umgehen als bei Flundern mit Haut.

Dann ist der Smutje gefragt.

Als Verdauungsspaziergang begibt sich die „Cythera"-Crew dann auf den sehenswerten Wanderweg nördlich des Hejlsminder Noors. Der schmale Weg führt mitten durch ein naturbelassenes Vogelschutzgebiet. Nächstes Mal werden wir auf diesem Spaziergang ein Fernglas mitnehmen, denn es ist erstaunlich, was da alles an verschiedenen Vogelarten herumfliegt.

Flunder Skrubbe

Skrubbe in Speck gebraten

Die frischen Flundern werden gut gewaschen, abgetrocknet und mit Zitronensaft eingerieben. Kurz vor dem Braten leicht salzen und mit Knoblauchpfeffer würzen. Dänischen Frühstücksspeck in kleine Würfel schneiden und in einer großen Pfanne, in die auch der Fisch passt, gut durchbraten. Bevor die Flundern in die Pfanne kommen, Speckstück entfernen. Den Fisch von jeder Seite knapp drei Minuten braten. Durchgebraten ist er, wenn er anfängt, sich von der Gräte zu lösen. Zum Schluss werden die Speckwürfel noch einmal kurz mitgebraten. Dazu schmecken junge Pellkartoffeln, die energiesparend im Schnellkochtopf gekocht werden und kaltes Bier oder trockener Weißwein.

in Speck

Flundern

Zitronensaft

Knoblauchpfeffer

Frühstücksspeck

Hot-Dog

Jetzt sind wir schon den dritten Tag in Dänemark und haben noch keinen Hot-Dog, das dänische Nationalgericht, gegessen. Das soll im Stadthafen von Middelfart nachgeholt werden. Middelfart ist mit einem knappen Zehn-Meilen-Törn von Hejlsminde aus zu erreichen und die Fahrt führt durch den wunderschönen Fænø-Sund. Mit einer leichten Brise aus Ost können wir das Nadelöhr des Kleinen Belts noch gut anlegen und sogar bis kurz vor Middelfahrt die Segel stehen lassen. Am Ufer der kleinen Insel Fænø ankern trotz des frühen Tages viele Yachten, und auch die gelben Ankertonnen des Dänischen Seglerverbandes (DSU) sind besetzt. An ihnen dürfen nur Boote festgemacht werden, die durch ihren Stander zeigen, dass ihr Verein Mitglied der dänischen Segler Union ist. Eine Mitgliedschaft in einem deutschen Club reicht nicht aus, da sich bisher der Deutsche und der Dänische Segler Verband nicht über eine Teilung der Kosten für die Ankertonnen einigen konnten.

Die kleine Stadt Middelfahrt bietet sehr gute Versorgungsmöglichkeiten. Dafür muss in Kauf genommen werden, im Hafen im Päckchen zu liegen. Vom Liegeplatz zu der für alle dänischen Städte so typischen Fußgängerstraße benötigt man etwa fünf Minuten zu Fuß. In Sachen Essen entscheiden wir uns im Supermarkt spontan um. Anstatt „Risted Hot-Dog" am Würstchenstand soll es lieber Krabben-Butterbrot an Bord geben.

Dänisches Krabben-Smørebrød

Die eingelegten Krabben findet man in jedem Supermarkt in durchsichtigen Plastikbehältnissen verschiedener Größen und Formen. Weiter benötigt man Weißbrot (Frans-Brød), salzige Butter, Salatblätter, Kresse, ein gekochtes Ei und echte dänische Remoulade. Die Krabben werden in ein Sieb geschüttet, kurz mit Wasser gespült und anschließend mit Haushaltspapier getrocknet. Die Brotscheiben werden dick mit salziger Butter bestrichen und mit Salatblättern bedeckt. Darauf kommen die Krabben, die mit schwarzem Pfeffer leicht gewürzt, mit Eischeiben belegt und mit der Remoulade aus der Tube und Kresse verziert werden.

Krabben

Weißbrot

salzige Butter

Salatblätter

Kresse

gekochtes Ei

Remoulade

Unser Boot liegt sicher an einem alten Fischkutter; die Sonne scheint ins Cockpit und wir sind satt und zufrieden. Es ist ja auch Gemütlichkeit angesagt. Grund genug, heute Nacht in Middelfart zu bleiben. Von dem netten Mädchen, das die Hafengebühr kassiert, erfahren wir, wie der Name Middelfart entstanden ist. Er stammt von dem dänischen Wort Melfar, das soviel wie Zwischenstation oder mittlere Station bedeuten soll und machte im Mittelalter deutlich, dass der Ort die mittlere Überfahrstätte von Fünen nach Jütland war.

Das nur 13 Meilen entfernt liegende kleine Städtchen Bogense mit seiner großen, modernen Marina (600 Liegeplätze) ist das nächste Ziel der gut gelaunten Nova-Crew. Der Wind weht ganz leicht aus Nordost, so dass wir von Fredericia am Ausgang des kleinen Belts in das Kattegat hinein unser Ziel anlegen können.

Schon von weitem ist Bogense durch seine weiße Werfthalle und den Kirchturm auf einem Hügel zu erkennen. Wir steuern die Stadt durch das Nebenfahrwasser im Westen an. Dort ist es teilweise nur zwei Meter tief, aber es gibt eine Ansteuerungstonne und kurz vor dem Hafen weisen eine rote und eine grüne Tonne den Weg um eine nur 1,5 Meter flache Sandbank.

Unser Boot wird in dem alten Stadthafen direkt neben einem Fischgeschäft festgemacht, und wir decken uns mit frischem Räucherfisch ein. In Anbetracht der beständigen und ruhigen Ostwetterlage gibt es den einstimmigen Beschluß, an der Westküste der Insel Æbelø zu ankern – eine Strecke von Bogense aus von gerade einmal vier Meilen.

Ein Wattweg in der Ostsee?

Auf der Insel gibt es Reste eines alten Hafens, die kaum noch zu erkennen sind. Der Anker fällt bei 3,50 Meter Wassertiefe.

Auf der Seekarte erkennen wir, dass die Insel mit einem Wattweg mit Fünen verbunden ist. Ein Wattweg in der Ostsee? Das wollen wir uns einmal ansehen und paddeln mit dem Schlauchboot an den Strand und sind plötzlich mitten in einem sehenswerten Naturpark.

Die Insel ist nicht mehr bewohnt und verwildert. Vom äußersten Südzipfel führt tatsächlich ein ausgeprickter Wanderweg mit kniehohem Wasser zur nahen kleinen Insel Dræt und dann zwei Kilometer weiter nach Fünen. Mehr als zwei Kilometer durchs Wasser zu waten, muss eine anstrengende Tour sein. Wir sehen mehrere Wandergruppen, die sich vor dem Rückweg nach Fünen erst einmal ausruhen und Picknick machen. Auch wir haben Hunger auf unser Fischgericht und so paddeln wir zum Boot zurück.

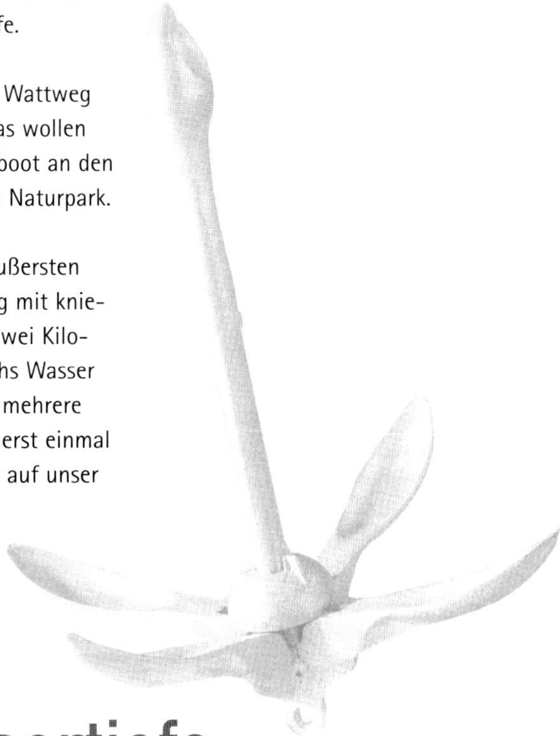

Der Anker fällt bei 3,50 Meter Wassertiefe.

Ragout mit Räucherfisch

Zwiebeln und Möhren schälen und würfeln. Porree in feine Streifen schneiden. Das Gemüse wird in einem Topf mit Olivenöl fünf Minuten gedünstet und mit Mehl bestäubt. Zugegeben wird dann ein achtel Liter Brühe und der Inhalt einer kleinen Dose Tomaten. Das Ganze soll fünf Minuten köcheln. Dann kommt der mundgerecht geschnittene Räucherfisch (etwa 400 Gramm) dazu (Makrele, Schillerlocke, Heilbutt) und man lässt alles noch einmal durchziehen. Abgeschmeckt wird das Ragout mit Worcestersoße und Zitronensaft, bei Bedarf kann nachgesalzen und gepfeffert werden. Dazu schmeckt am besten frisches Brot und ein trockener Weißwein.

Zwiebeln

Möhren

Porree

Olivenöl

Tomaten aus der Dose

Es gefällt uns ausgesprochen gut auf diesem Ankerplatz, so dass wir am nächsten Tag erst am frühen Nachmittag die Segel setzen. Der immer noch leichte Ostwind soll uns zur Insel Endelave bringen. Die Insel ist nur knapp sieben Meilen entfernt. Wer den kleinen Inselhafen im Norden ansteuern will, muss wegen eines flachen Naturschutzgebietes auch mit kleinen Booten fast bis zu einer nördlichen Ansteuerung segeln. Von dort sind es noch drei Meilen bis zur Hafeneinfahrt.

Mit Hilfe des elektronischen „Bordpersonals" und der Wegepunkte gibt es keine Schwierigkeit bei der Ansteuerung. Schwierig wird es erst, als wir in den Hafen einlaufen wollen. Der ist nämlich so voller Schiffe, dass man trockenen Fußes über das Wasser gehen kann. Ein freundlicher Hafenmeister winkt uns jedoch hinein. Und wir finden tatsächlich noch einen Platz für die Nova.

Fast alle Boote haben den Danebrog, die dänische Nationalflagge, am Heck wehen. Kein Wunder, heute ist Sonnabend und bestes Segelwetter. Da kommen die Wochenendsegler aus den Städten Horsens und Fredericia in Scharen zur Insel. Ein Besuch lohnt sich. Endelave ist mit seinen alten Höfen, dem Dorfteich und der Kirche ein malerischer Ort. In der Nähe des einzigen Gasthofes können Fahrräder gemietet werden. Immerhin gibt es vier Straßen auf dem 13 Quadratkilometer kleinen Eiland. Als wir nach zweistündiger Fahrradtour beim kalten Tuborg-Bier im Restaurant sehen, dass das Tagesgericht „Rødspætte" (Butt) mit frischen Kartoffeln ist, bleibt die Bordküche kalt.

Überall weht der Danebrog

Bootspaket

Wie wird sich morgen dieses riesige Bootspaket auflösen, fragen wir uns am Abend, denn der Hafenmeister hat noch weitere Lücken entdeckt und alle ankommenden Yachten untergebracht.

Das Ablegen am nächsten Tag vollzieht sich überraschenderweise sehr harmonisch. Die dänischen Crews sind anscheinend Päckchen dieser Größe gewöhnt. Die ersten verlassen um kurz nach 10.00 Uhr den Hafen. Wir können uns 20 Minuten später aus dem Knäuel lösen, und als ich eine halbe Stunde später von Höhe der Untiefentonne Overgrund mit dem Fernglas zum Hafen blicke, sind fast alle Masten verschwunden.

Sonnenschein und ein Nordost mit knapp vier Beaufort machen Lust auf Segeln. Wir planen tatsächlich einen 30-Meilentörn, aber nur weil das Wetter dazu einlädt – es soll ja gemütlich bleiben. Das Ziel heißt Kerteminde im Osten von Fünen. Wenn das keine Meilenfresserei ist? Bis zum Lille Grund an der Spitze von Korshavn läuft die Albin Nova bei „Damenbrise" mit fünf bis sechs Knoten über Grund. Dann bringt der Blister noch eine Umdrehung mehr. Als wir uns zwischen Fünen und der Insel Romsø befinden, zieht sich der Himmel mit dunklen Wolken zu. Der Wind frischt auf und das Boot läuft mit schäumendem Bug durch die Wellen, die langsam weiße Köpfe aufbauen. Der Blister muss runter. Wir haben ihn ein wenig zu lange stehen lassen. Damit er geborgen werden kann, muss die Steuerfrau das Schiff fast in den Wind legen, was natürlich mit kräftigem Segelschlagen, spritzenden Wellen und nassen Schuhen und Hosen des Bergepersonals verbunden ist.

Das Ziel heißt Kerteminde

Pizza „Made in Danmark"

Bei weiter auffrischendem Wind, der jetzt auf Südost gedreht hat, reicht ein kurzer Blick in den Yachthafen Kerteminde, um festzustellen, dass er rappelvoll ist. Aber es gibt eine gute Alternative: das alte, schlauchförmige Hafenbecken neben der Marina. Wie immer ist die rechte Seite mit direktem Zugang zu den Sanitäranlagen des Yachthafens dicht belegt. Leer ist es dagegen auf der anderen Seite beim Fischereihafen, wo wir festmachen. Dort gibt es auch gute Sanitäranlagen, was anscheinend kaum jemand weiß.

Wir haben gerade das Boot festgemacht, da fängt es an zu donnern und zu blitzen und es regnet in Strömen. Das von den Meteorologen für die Nacht vorhergesagte Gewitter ist ein paar Stunden früher gekommen.

Eigentlich planen wir wieder ein Fischessen. Und auf unserem Weg zur Stadt kommen wir auch an einem der besten Fischrestaurants Dänemarks vorbei. Ein Blick auf die Speisekarte – knapp 400 Kronen für ein Menü – macht jedoch deutlich, dass die Bordkasse bei dieser Schlemmerei zu arg strapaziert werden würde.

Aber der erste Hot-Dog steht ja noch aus. Allerdings hat auch dieser örtliche Hot-Dog-Stand an diesem Tag kein Glück mit uns. Es zieht uns vielmehr in eine kleine Pizzeria direkt am Hafen, wo wir uns zwei echte italienische Pizzen „Made in Danmark" kaufen.

Bei der abendlichen Planung für den nächsten Tag wird uns deutlich, dass wir uns auf dem klassischen Kurs rund Fünen befinden - ohne einmal zu kreuzen. Und der Wind spielt auch am nächsten Morgen weiter mit. Ohne Kreuzschläge geht es noch zu der Insel Agersø und weiter nach Svendborg, um Lachssteaks zu kaufen. Ein sehr guter Fischladen befindet sich direkt am Stadthafen mit seinen Schwimmpontons.

Spaghetti mit Lachs

Während das Spaghettiwasser anfängt zu kochen, wird eine in kleine Teile geschnittene Zwiebel in Olivenöl gedünstet. Wenn sie glasig geworden ist, trockenen Weißwein (etwa drei Esslöffel) zufügen und unter Rühren den Wein verdampfen lassen. Dann die Zwiebel mit 0,25 Liter Sahne löschen und die in kleine Stücke geschnittenen Lachssteaks dazugeben. Gewürzt wird mit einer Prise italienischer Kräutermischung.

Der Fisch ist vor dem Zerschneiden mit Zitronensäure eingerieben, gesalzen und gepfeffert worden.

Der Lachs muss vier bis fünf Minuten in der Sahnesauce köcheln. Zum Schluss die Sauce mit Salz und Pfeffer abschmecken und die gekochten Spaghetti zugeben. Dazu schmeckt ein trockener Weißwein aus dem Bordkühlschrank.

Gegrillte Skrubbe

Die ausgenommenen und von der schwarzen Oberhaut befreiten Fische werden nach dem Waschen getrocknet, mit Zitronensäure eingerieben, leicht gesalzen und gepfeffert (Knoblauchpfeffer) und auf der Oberseite wie ein Brot mit salziger Butter bestrichen. Darauf kommt viel frischer Dill und das ganze wird in Alufolie eingeschlagen. Es muss sicher gestellt sein, dass die Butter nicht herauslaufen kann.

Die eingepackten Flundern werden bei mittlerer Hitze jeweils drei Minuten pro Seite auf den Grill gelegt.

Schlei-Aal...

Frischer Fisch wird auch noch einmal in unserem letzten dänischen Urlaubshafen, Marstal, der schon fast unser Zuhause ist, serviert. Wer dort Fisch kaufen will, fragt Fischer auf Steg vier. Die haben fast immer lebende Skrubbe oder Rødspætte in Reusen am Kutter hängen.

Auch in unserem letzten Urlaubshafen, in Schleimünde, ist der Appetit auf frischen Ostseefisch noch nicht gestillt. Nach einer gemütlichen Überfahrt bei östlichen Winden, wird dort zum Baden festgemacht. Die Speisekarte in der „Giftbude", der Kneipe dieses Hafens, der durch ein Naturschutzgebiet vom Land abgeschottet und dadurch nur per Boot zu erreichen ist, hat uns eigentlich noch nie begeistert. Aber man muss den Wirt fragen, ob es Fisch gibt. Diesmal ist Schlei-Aal im Angebot. Und der wird kross gebraten mit Bratkartoffeln gereicht, was besonders gut mit dem frisch gezapften deutschen Bier schmeckt.

Übrigens: Nach der Fischküche rund Fünen sind wir im Heimathafen Kiel erst einmal ins Steakhaus gegangen.

...kross gebraten mit Bratkartoffeln

Hot-Dog, aber richtig. Eine Gebrauchsanweisung

Tun Sie nie an einem dänischen Hot-Dog-Stand so, als wenn Sie ein wenig dänisch sprechen können. Zum Beispiel (Lautschrift): „Jei will gerne har een risted Hot-Dog" – was die Bestellung eines Hot-Dogs bedeutet. Dann nämlich kommt etwas, mit dem Sie überhaupt nicht gerechnet haben: ein Schwall dänischer Worte. Sie werden gefragt (Lautschrift): Schkalldüharfreskorrristetloiiofr eskgurker?" Verstanden?

Natürlich nicht.

Aber Sie sollten, da Sie sich schon so weit in die Sprache unserer nördlichen Nachbarn hineingearbeitet haben, antworten (Lautschrift): „Ichmöchtegernealleshaben". Dann, ja dann kriegen Sie erst den echten dänischen Hot-Dog, und der oder die Fachkraft, die Ihnen die Spezialität seines Landes bereitet, wird sich besondere Mühe geben, da Sie ja ein Gast des Landes sind. Was man Ihnen dann auf eine spezielle Haltevorrichtung aus silberfarbenen Metall legt (bitte besonders beachten, denn das gibt es nur in Dänemark), erfordert beim Essen Ihre ganze Aufmerksamkeit.

„Jei will gerne har een ristec Hot-Dog"

Original dänische Hot Dogs

Aber erst einmal zur Zusammensetzung des original dänische Hot-Dogs. Er ist ein halb aufgeschnittenes warmes Brötchen in einer Papierserviette mit einem darin abgelegten knallroten Würstchen. Die meisten Besucher des kleinen Königreiches im Norden werden von der Farbe so abgeschreckt, dass sie als Alternative eine gegrillten Wurst, die durchaus Ähnlichkeiten mit unserer heimischen Bratwurst hat, vorziehen. Es ist also selten das Original, was wir uns munden lassen.

Egal welche Wurst: Sie wird mit jeweils einem langgezogenen Streifen der Inhalte großer Mayonnaise-, Ketchup- und Senfplastikflaschen zugedeckt, und als krönenden Abschluss obendrauf kommen geröstete Zwiebeln, rohe Zwiebeln und sauer eingelegte Gurkenscheiben. Zurück zum Essvorgang. Aufmerksam sollten Sie deshalb sein, weil Sie das ganze nun ohne Hilfe von Kulturwerkzeugen wie Messer und Gabel essen sollen. Es erfordert schon eine besonders ruhige Hand und viel Übung, das überladene Brötchen zum Mund zu befördern, ohne dass die Hälfte der köstlichen Wurstbedeckung von der Erdanziehung auf den Boden befördert wird.

Verhindern können Sie das jedoch schon von dem Zeitpunkt an nicht mehr, an dem Sie versuchen, von der dänischen Spezialität abzubeißen.

Hot-Dog, das dänische Nationalgericht

Jeder Anfänger ist dann sofort ein Kunde der nächsten Kleider-Reinigung, denn die Mischung aus Mayonnaise, Ketchup und Senf ist mit normalen Vollwaschmitteln nicht fleckenlos zu entfernen.

Um die Flecken auf der Jacke oder dem Pullover, die in 90 Prozent aller Fälle im Bereich des Bauches auftreten, zu verhindern, sollten Sie den Hot-Dog wie ein Einheimischer verspeisen. Der nimmt sich schon vor dem Griff zum Wurstbrötchen mindestens vier Papier-servietten aus dem Serviettenspender, der zur Grundausstattung jedes Hot-Dog-Standes gehört. Und danach stellt er sich leicht nach vorn gebeugt, breitbeinig hin.

Dann erst wird die Köstlichkeit mit gezieltem Schwung gen Mund befördert. Beißen Sie schnell, aber nicht hastig ab, nachdem Sie die Speise so weit es geht in den weit aufgesperrten Mund geschoben haben. Natürlich wird vieles von dem, was auf der Wurst liegt, auf den Boden fallen. Das macht aber gar nichts und ist normal.

Wenn sich von der Gesamtmenge des Hot-Dogs nach dem Mahl mehr in Ihrem Magen als zwischen Ihren Füßen befinden soll, ist es erforderlich, das ganze mit höchstens drei Bissen zu verspeisen.

Dann kommen die vier Servietten zum Einsatz, denn nun gilt es, den rundum verschmierten Mund und die klebrigen Finger zu reinigen.

Achtung...

...vermeiden Sie einen Anfänger-fehler.

Sonnenbrillen, die mit einem sportlichen Band gehalten, zum Essvorgang von der Nase ge-nommen werden und auf Brust-höhe hängen, sollten tunlichst vor der Mahlzeit abgenommen werden. Auf ihren Gläsern sam-melt sich sonst ein Teil des Wurstbelags, der nur mit größerem Reinigungsaufwand wieder zu entfernen ist..

Steckdosen-Regatta, oder der Strom muss fließen

Früher, ja früher, da war alles viel einfacher. Wer damals am Nachmittag mit seiner Segelyacht unter Vollgas in Richtung dänischer Häfen bretterte, um noch den letzten freien Liegeplatz zu ergattern und dabei die Konkurrenten aus dem Liegeplatzrennen abdrängelte, wie Ferrari-Schumi die Silberpfeile, der hatte es meistens geschafft.

Und heute - da geht der Stress im Hafen weiter. Die Steckdose, die Steckdose! Wo ist die nächste Steckdose?

Manchmal rennen wir mit einer Kabelrolle bestückt über den Steg in Richtung Stromquelle und sehen den Konkurrenten von der anderen Seite spurten. Wer wird es schaffen?

Es gibt leider schlechte Verlierer und so kommt es immer wieder zu wüsten Beschimpfungen.

Kein Wunder: Alle brauchen Strom an Bord, denn Mutti will fernsehen, das Bier muss im Kühlschrank kalt bleiben, die Eiswürfel für den Whisky dürfen nicht schmelzen und die Musikanlage mit CD-Player benötigt soviel Saft, dass die drei Bordbatterien ohne das unter 220 Volt stehende Ladegerät schnell schlapp machen.

Der Strom fließt...

Und dann ist da ja auch noch die Elektroheizung. 20 Grad Mindesttemperatur will man nachts schon haben, ist ja schließlich Sommer am Ostseestrand und der wartet ja nicht immer mit Badehosentemperaturen auf. Und die vielen Ladegeräte: Handy, Laptop, Suchscheinwerfer, Telespiele... alle brauchen 220 Volt.

Uff, wir haben es wieder einmal geschafft. Der Stecker ist in der Dose und von der Trommel mit den 50 Metern Kabel mussten nur 30 Meter ausgerollt werden. Der Strom fließt.

Nach der dritten Dose Bier im Cockpit, die man sich aus Freude über den guten Liegeplatz mit Stromanschluss gegönnt hat, kündigt sich jedoch Unheil an. Da zieht doch ein einheimischer dänischer Segler einfach unseren Stecker raus und verteilt die Elektrizität mit Hilfe einer Mehrfachsteckdose.

So weit so gut, aber er installiert eine Mehrfachsteckdose, die er werktags für seine Schreibtischlampe und das Handyladegerät benutzt.

Dänen sind immer Optimisten. Sie glauben nie, dass es abends oder nachts regnen kann. Wenn es anders wäre, würden sie nicht ihre Mehrfachsteckdosen offen auf dem Steg liegen lassen. Oder?

Wir wissen jedenfalls genau, was passiert, wenn der erste Regentropfen fällt. Kurzschluss, der ganze Hafen ist dunkel und uns fehlt der Strom.

Ja, jetzt müssen wir wohl wieder tätig werden, auch wenn es die Dänen erstaunt. Wir stecken die dänische Schreibtischmehrfachsteckdose sorgfältig in eine Plastiktüte und knoten sie noch sorgfältiger zusammen, so, dass kein Tropfen Regen hineingelangen kann.

Ob es diesmal etwas nützt? Immerhin gibt es fünf Stege mit jeweils 50 Booten und mindestens 50 Steckdosen mit Mehrfachdosen, damit mindestens 200 Boote mit Strom versorgt sind.

Wir machen uns deshalb einmal auf, um den Hauptsicherungskasten zu suchen – ganz unauffällig natürlich, muss ja keiner wissen, dass wir vom Strom abhängig sind – und treffen dabei einige andere Skipper, die wohl das gleiche Anliegen haben. Alle schlendern gelangweilt auf dem Hafenvorfeld herum. Die Augen blitzen jedoch. Wo kann sie sein, die Quelle der Elektrizität, zu der beim Kurzschluss erfahrungsgemäß ein Dutzend Segler rennt, um die Sicherung wieder hineinzudrücken – auch bei strömendem Regen.

Ja, ohne 220 Volt geht es eben nicht mehr an Bord. Aber das muss ja nun wirklich nicht jeder gleich wissen.

Quelle der Elektrizität

**Fünf Stege mit jeweils 50 Booten.
Mindestens 50 Steckdosen
mit Mehrfachdosen.
Für mindestens 200 Boote.**

Der Sturm nach dem Abendessen an Bord

Stürme sind die Würze im Seglerleben und bilden den Stoff für die Geschichten der Helden der See – vor allen Dingen nach einem guten Essen an Bord und dem einen und anderen Schluck hinterher zur besseren Bekömmlichkeit. Kein Wunder, dass sich da viele Salznacken in Behauptungen hineinsteigern wie: eine Flaute auf hoher See sei viel schlimmer als ein handfester Sturm.

Das ist irgendwie verständlich, denn eine Flaute zwischen Schleimünde und Marstal bietet nichts weiter als das Brummen des Bootsmotors, das Schnarren des Autopiloten und vielleicht ein Sonnenbad im Cockpit.

Es gibt nichts über eine Flaute zu erzählen. Sie sind einfach nur langweilig. Flauten produzieren auch keine Seehelden.

Sturmfahrten lassen dagegen Legenden entstehen und die beginnen meistens mit den Schlagworten „meterhohe, brechende Seen", „kreischende Riggs", „zerrissene Segel", „schwer seekranke Crew". Sie führen die Zuhörer weiter zu den Themenfeldern „Mastbruch" und „Wassereinbruch". und beginnen meist mit dem Ausruf „*f u r c h t b a r*" um das Ende der Geschichte einzuläuten und um dann mit den Worten „aber abgewettert", einen endgültigen Schlusspunkt zu setzen.

Beinharte Salznacken

Der Skipper am Ruder, der von seinen Abenteuern berichtet, bewältigt fast immer alles souverän, und sein Hohnlachen gegen die Wettergötter vermischt sich mit dem Geheule des Sturmes – beinharte Salznacken eben.

Die Wellenberge wachsen von Bier zu Bier, aber das ist üblich, denn in der abendlichen Seglerrunde muss kräftig aufgetischt werden, wenn sich raunender Respekt verbreiten soll. Je „öller" der Fahrensmann, um so „döller" scheint es gewesen zu sein auf hoher See. Wir lauschen jedenfalls ehrfürchtig.

Vorteile bei der Aufzählung und Beschreibung ihrer Sturmfahrten haben tatsächlich die älteren Skipper. Nicht nur weil sie schon sehr viel mehr Wetterunbill auf schwankenden Planken erlebt haben könnten. Sie hatten vor ein paar Jahren darüber hinaus die Chance, durch den Abdruck einer ihrer Sturmabenteuer in einer Yacht-Zeitschrift als potentielle Salznacken geadelt zu werden. Über Jahre hatte die Zeitschrift entsprechende Geschichten unter der Titelzeile „Mein schwerster Sturm" abgedruckt. Damals wurde allerdings dem Küstenklatsch ein Redaktionsgeheimnis bekannt, nach dem die Journalisten geplant hatten, einen Münchhausen-Preis für die am besten erzählte Geschichte zu vergeben. Es soll aber nie soweit gekommen sein.

Sturmfahrten

Segler, die noch nie einen brüllenden Sturm und erst recht keinen noch lauteren Orkan auf hoher See erlebt haben, müssen während der Abwettergeschichten ganz kleine Brötchen backen.

„Sind wir eigentlich richtige Segler", fragte mich neulich ein Freund, der bisher auch immer das Pech gehabt hatte, während heulender Stürme im Hafen zu liegen. Unsere Boote waren bisher immer gut und sicher festgemacht in einer Box, und es ging nicht ums Abwettern, sondern darum, trotz des heulenden Riggs und des sich ab und zu aufschaukelnden Boots einschlafen zu können.

Gegenüber ihm kann ich allerdings seit dem letzten Jahr auftrumpfen. Ich hatte endlich meinen schwersten Sturm und dabei tatsächlich etwas andere Sorgen, als nicht einschlafen zu können. Mein schwerster Sturm fand im Nord-Ostsee-Kanal unter dem Mastenkran am Kai eines Winterlagers auf der Rader Insel statt.

Dort pfiff es tatsächlich mit elf Beaufort von Südwest durch das Rigg und erstaunlich hohe Wellen drückten die Fender platt. Da blieb mir leider nichts anderes übrig, als die halbe Nacht auf dem Kai zu sitzen und das Boot mit den Füssen abzuhalten.

Mit dieser Geschichte kann ich im Kreise erfahrener Sturmsegler allerdings überhaupt nicht punkten. Aber bei meinem Freund gelte ich jetzt endlich auch als jemand, der einen Sturm abgewettert hat. Irgendwie kann ich also doch mitreden.

Und der Regen trommelt aufs Kajütdach

Soll man in den Urlaub segeln, wenn es regnet und sich für die nächsten Tage keine Wetteränderung ankündigt? Das ist eine Frage, die sich immer wieder Segler im typischen nordischen Sommer stellen - und der Regen trommelt aufs Kajütdach.

Früher war es keine Frage, da wartete man einfach ein paar Stunden ab, bis sich die dicksten Wolken verzogen hatten und ab ging es. Damals riskierten die Meteorologen auch gerade einmal eine Vorhersage für maximal drei Tage, und die war meistens falsch. Kein Wunder, dass da das Prinzip Hoffnung allen Pessimismus übertrumpfte.

Aber heute hört man in jedem Rundfunksender Wetterprognosen für eine ganze Woche; ernsthafte Wetterinstitute wie das Dänische Meteorologische Institut (DMI) geben eine Fünf-Tage-Prognose – die fast immer stimmt und wer die richtigen Internet-Adressen hat (Wetterzentrale.de), kann sogar dabei sein, wenn Computer Wetterkarten zeichnen, die die wahrscheinliche Wetterentwicklung für neun Tage darstellen.

Bei so viel Wetterwissen, an dem man teilhaben kann, hat es das Prinzip Hoffnung schwer.

Oder segeln Sie gerne mit der Gewissheit los, dass der Regen mindestens eine Woche lang anhält, die Tiefdruckgebiete wie an einer Perlenkette aneinander gereiht über die Nord- und die Ostsee hinweg ziehen und statt Hochsommer typisches Aprilwetter herrscht?

Glücklich können diejenigen sein, die die Freiheit haben, ihren Törn einfach zu verschieben. Die Wetterbesserung kommt bestimmt.

Aber auch alle, die es nicht können, und die sich das Ölzeug anziehen und in See stechen, haben Glück. Denn wir segeln doch, um die Natur zu erleben. Und die erlebt man viel intensiver bei einem eher gemischten Wetter.

Segeln Sie doch einfach los.

Wie ein Aquarell von Nolde

Erinnern Sie sich an die Bilder, wenn der Himmel aussieht wie ein Aquarell von Nolde, wenn ein Regenschauer endet und das Licht einiger Sonnenstrahlen durch eine Wolkenlücke fällt. Wenn plötzlich die Sicht auf ein von Dunstschwaden umhülltes, geheimnisvolles Land frei wird. Wenn am Horizont der sprichwörtliche Silberstreifen glänzt. Wenn...

Das alles gibt es nicht bei einer Hochdrucklage, die uns strahlend blauen Himmel präsentiert.

Und dann ist da ja auch noch der Wind, den wir zum Segeln brauchen. Wenn die Tiefdruckgebiete über unser Segelrevier ziehen, ist er da – manchmal zu viel, aber nie zu wenig. Er bringt uns voran, zu neuen, vielleicht ferneren Zielen, die wir in Hochdruckflauten niemals erreicht hätten.

Navigation ganz leicht gemacht

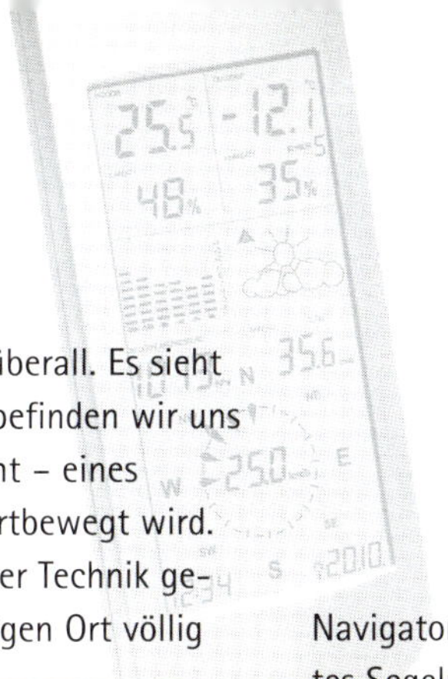

Bildschirme, Schalttafeln, Telefone, digitale Zahlen überall. Es sieht fast so aus wie im Cockpit eines Flugzeuges. Dabei befinden wir uns in der Navigationsecke einer mittelgroßen Segelyacht – eines Bootes, das mit der natürlichen Kraft des Windes fortbewegt wird. Meistens befindet sich diese Ansammlung modernster Technik genau gegenüber der Kombüse und lässt diesen wichtigen Ort völlig unscheinbar wirken.

Wer den Eigner des Bootes sieht, erkennt sofort, dass er Wind und Wellen, eben die Naturgewalten, beherrscht, die sein Schiff vorantreiben.

Wie einst die großen Seefahrer steht er am Ruder, prüft die Windrichtung, prüft den Kurs und lässt sich den Wind durch Bart und Haar streichen. In die Küche passt der irgendwie nicht. Es ist ein Kerl wie ein Baum, der seine Yacht schon durch so manch einen Sturm gepeitscht hat. Sein Revier ist die Ostsee mit all ihren Untiefen, Inseln, Leuchttürmen und Tonnen.

Navigatorisch ist es kein leichtes Segelrevier, wie wir alle wissen. Vor allen Dingen dann, wenn wieder einmal die Sicht so schlecht ist, dass man schon drei Meilen von der Küste entfernt vom Land nichts mehr sieht. Wenn zwischen Schleimünde und Marstal über Stunden der Eindruck entsteht, dass sich das Schiff mitten auf dem Atlantik befindet.

Aber für solche Situationen hat unser Skipper kräftig investiert.

digitale Zahlen
modernste
Technik

Die elektronische Seekarte zeigt punktgenau den Schiffsstandort, das Radar die Frachtschiffe und die Küste in der Nähe, der Navtexdekoder druckt die neuesten Wetterdaten und das vorausschauende Lot dringt in die Tiefe vor.

Dabei war vor gar nicht langer Zeit noch alles anders an Bord. „Navigation ist, wenn man ankommt", hatte der Skipper früher immer mit lauter Stimme gerufen, wenn andere Segler APN und GPS, Radar und Wetterfunk lobten und daraus einen Faden sponnen, der mit Sicherheit auf See endete. Unserem Mann reichten Seekarte, Navigationsdreieck und Zirkel, um seine Ziele ansteuern zu können. Das klappte übrigens immer.

Navigation ist ...

Ja, das war früher, als unser Eigner sich noch auf den unteren Stufen der Karriereleiter befand und vom beschränkten Segel-Budget lieber in neue Segel oder einen besseren Anker als in den neumodischen Kram für die Navi-Ecke investierte.

Irgendwann war aber fast alles an Bord, was die Ausrüster anboten, das Bootskonto war aber noch voll. So stieß der Skipper auf die Angebote, die die Holzflächen über der Seekartenklappe füllen. Von nun an verkleinerten sich diese freien Flächen von Jahr zu Jahr und auch das Bücherschapp für die Gebrauchsanweisungen wurde immer voller.

Wer zufällig einen Blick in dieses Schapp wirft, wundert sich allerdings darüber, dass viele der dicken Handbücher noch in Plastik verpackt sind.

... wenn man ankommt

Eben ein Alleskönner, dieser Skipper, der auch von Daten, Bits und Bytes etwas versteht und der mit seinen großen Händen die vielen kleinen Knöpfe meisterlich beherrscht.

Allerdings fällt unter Deck noch etwas auf. Die Geräte sind nur angeschaltet, wenn der Skipper seine beiden Sprösslinge mit an Bord hat. Die Knaben, 12 und 14 Jahre alt, streiten sich förmlich darum, wer all die Elektronik bedienen darf, und sie können damit sogar ohne Handbücher umgehen.

So ist sie eben, die neue Computergeneration: Sie hat keine Lust, bei Wind und Wetter an der Schot zu ziehen, dafür spielt sie lieber unter Deck mit der Technik.

Unser Skipper hat das schon lange akzeptiert, denn beim Familientörn weiß er immer ganz genau, wo er ist, was sich hinter den Dunstwolken verbirgt, wann er ankommt und wie das Wetter wird.

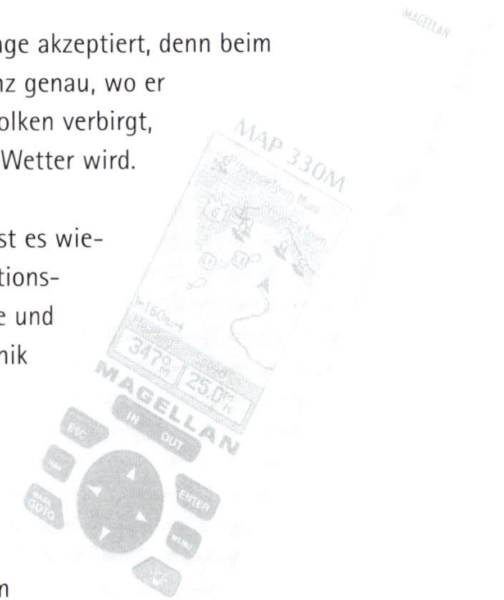

Wenn er jedoch alleine segelt, ist es wieder wie früher. Auf dem Navigationstisch liegen die neueste Seekarte und ein Kursdreieck, und die Elektronik ist nicht angeschaltet.

„Navigation ist, wenn man ankommt", hört man ihn dann manchmal aus der Kajüte murmeln. Neulich hat er jedoch zum erstenmal ganz allein den Kartenplotter angeknipst, dann ist er aber zur gegenüberliegenden Pantry gegangen, um heißes Wasser für einen Grog aufzusetzen.

Küche vor dem Törn

Wenn der Törn länger dauert, ist es ratsam Mahlzeiten vorzubereiten, denn bei Seegang und Krängung des Bootes ist die Arbeit in der Pantry mühsam. Vor allen Dingen bei kräftigerem Wind fällt es auch langjährigen Seglern schwer, warme Mahlzeiten zuzubereiten. Bei wenig Wind ist das Kochen während des Törns dagegen einfach und der „Smut“ kann sich an den schnellen Rezepten nach dem Törn (ab Seite 97) orientieren.

Bei den Vorbereitungen für Mahlzeiten während des Törns sollte grundsätzlich daran gedacht werden, dass eine warme Mahlzeit am Tage jede Crew erfreut und die Stimmung hebt.

Einfachste Möglichkeit ist die Herstellung einer heißen Brühe oder einer Suppe, die in einer Thermoskanne warm gehalten wird. Es gibt viele Möglichkeiten, fertige Tüten- oder Dosensuppen erheblich zu verbessern. Wer in der Pantry einen Topf mit besonders hohem Rand hat, kann die Suppe auch auf dem Herd erhitzen und sie mit klein geschnittenen Würstchen noch nahrhafter machen.

Als zusätzliche Würze empfiehlt sich dann, ein wenig Senf in der Suppe zu verrühren. Am besten serviert man die Suppe in tiefen Schüsseln, dazu sollte Brot gereicht werden.

Eintöpfe, die vor dem Törn gekocht wurden, kann man am besten in Schnellkochtöpfen mit fest verschließbaren Deckel aufbewahren. Aufgewärmt werden sollte das Gericht jedoch immer unter Rühren im offenen Topf.

Und beim Essen nicht vergessen: Auch wenn es eine Selbststeueranlage an Bord gibt, muss Ausguck gehalten werden.

Alle nachfolgenden Rezepte sind für 4 Personen berechnet.

Kräftige Ochsenschwanzsuppe

2 Dosen Ochsenschwanz-suppe (à 400 ml)
2 Eier
Dosensahne
Brandy oder Weinbrand

1 Flamme

Eigelb trennen und mit zwei bis drei Esslöffel Dosensahne verrühren und in den Topf mit der heißgemachten Suppe verrühren.

Mit einem Schuss Weinbrand oder Brandy abschmecken.

Eintopf
Kassler
Nudeln
Mettwurst
Gemüse

Kräftiger Frühlingseintopf

2 Tüten Frühlingseintopf mit Nudeln
300 g grobe Mettwurst
geriebener Käse (Emmentaler)

1 Flamme

Den Frühlingseintopf zubereiten, wie auf der Packung beschrieben. Wurst in kleine Würfel schneiden und die letzten 5 Minuten mit köcheln lassen.

Nach dem Servieren je ein Esslöffel geriebenen Käse über die Teller streuen.

Tomatencremesuppe mit Kassler

2 Dosen Tomaten-cremesuppe (à 400 ml)
150 g gekochtes, mageres Kassler
1 Apfel
Nelkenpulver

1 Flamme

Apfel und Kassler in kleine Stücke schneiden und in die heiße Suppe geben. Mit Nelkenpulver abschmecken.

Kräftiger Gulascheintopf

2 Dosen Gulaschsuppe (à 400 g)
50 g durchwachsenen Speck
150 g Sauerkraut
4 Cabanossi-Würstchen
2 Esslöffel saure Sahne oder Creme Fraiche
Öl

1 Flamme

Kleingeschnittenen Speck im Topf in Öl kross braten, Sauerkraut zerkleinern und zufügen und die in Scheiben geschnittenen Würstchen zugeben. Zum Schluss die Gulaschsuppe zuschütten und eine leere Dose bis zum Rand mit Wasser füllen und zugießen.

Das Ganze aufkochen lassen und mit der sauren Sahne abschmecken.

Suppen-Topf

Schnelle Kartoffelsuppe

2 Pakete Instant-Kartoffelsuppe
8 Szegediner Würstchen oder Cabanossiwürste
1 kleine Dose Erbsen
Petersilie

1 Flamme

Die Instantsuppe nach Anweisung zubereiten. Würstchen klein schneiden und zusammen mit den Erbsen in die heiße Suppe geben, kurz mitköcheln lassen. Petersilie hacken und zusammen mit geriebenem Käse über die Suppe streuen.

Laucheintopf

2 Stangen Lauch
2 Möhren
1 Liter Fleischbrühe (Brühwürfel oder gekörnte Brühe)
150 g Suppennudeln
4 Bockwürstchen
italienische Kräutermischung

1 Flamme

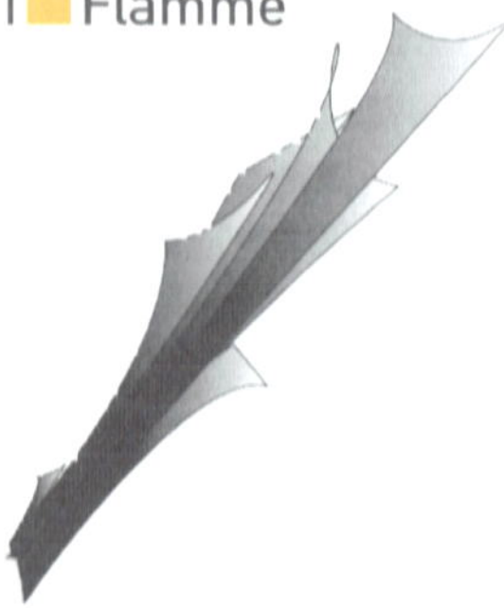

Lauch waschen, und in Ringe schneiden. Die Möhren schälen und in Würfel schneiden. Das Gemüse mit der Fleischbrühe in einen Topf geben und zum Kochen bringen. Die Nudeln in die kochende Suppe geben und bei mittlerer Hitze 10 Minuten garen. Mit der Kräutermischung abschmecken und dann die in Scheiben geschnittenen Bockwürstchen dazugeben und kurz mitköcheln lassen.

Zum Schluss mit wenig Salz und Pfeffer abschmecken.

Laucheintopf

Lammfleisch mit Bohnen

500 g Lammkeule
3 große Zwiebeln
1 Paket grüne Tiefkühlbohnen oder 300 g frische Bohnen
1 kleine Dose weiße Bohnen
3 Knoblauchzehen
1 Stange Poree
1 Becher Sahnejoghurt oder saure Sahne
1,5 l Fleischbrühe
italienische Gewürzmischung
Mehl
Olivenöl

1 Flamme

Fleisch in Würfel schneiden mit Mehl bestäuben und in einem großen Topf anbraten. Die in Scheiben geschnittenen Zwiebeln und Poree kurz mit andünsten und dann die Fleischbrühe zugießen. Die Brechbohnen zufügen und einige Minuten mitgaren. Dann die weißen Bohnen aus der Dose zufügen und knapp fünf Minuten lang köcheln lassen.

Zwischenzeitlich den Knoblauch durch die Presse drücken, mit der sauren Sahne verrühren, mit Salz abschmecken und in den heißen Eintopf einrühren.

Der Eintopf läßt sich unter Zugabe von etwas Wasser und Öl und unter Rühren während des Törns leicht erhitzen und schmeckt dann besser als wenn er frisch nach dem Kochen serviert wird.

Kräftiger Reiseintopf

1 1/2 Tassen schnell kochender Reis
200 g Schinkenspeck
250 g mageres Kassler
3 Zwiebeln
2 Paprikaschoten (rot und grün)
Brühwürfel oder gekörnte Brühe
Tomatenmark
geriebener Parmesan
Olivenöl
Paprikapulver
Wasser

Schinkenspeck und Kassler sowie die Zwiebeln und die entkernten Paprikaschoten in Würfel schneiden. Zuerst den Speck in Öl anbraten und dann das Fleisch und das Gemüse zufügen. Alles kurz anschmoren. Brühwürfel und zwei Teelöffel Tomatenmark in vier Tassen warmes Wasser verrühren, mit etwas Paprikapulver abschmecken und in die Pfanne geben. Dann den Reis dazugeben, kräftig durchrühren und den Reis garen.

Der fertige Reiseintopf wird vor dem Servieren mit geriebenem Parmesankäse gewürzt.

2 Flammen

Paprikaschoten
Tomatenmark
Paprikapulver

TIP:

Während des Törns kann das Gericht unter der Zugabe von etwas Wasser unter ständigem Rühren schnell erhitzt werden.

Tomatensuppe mit Knoblauch

3 Dosen gehackte Tomaten (à 400 g)
1 Dose Kokosmilch (400 g)
500 ml Fleischbrühe
Chilipulver
5 Knoblauchzehen
Butter
8 Weißbrotscheiben
Knoblauchpulver

2 Flammen

Tomaten, Kokosmilch und die Brühe in einen Topf geben, aufkochen lassen und mit Chili, Salz und Knoblauchpulver abschmecken. Die Suppe kann bei Bedarf in eine Thermoskanne gefüllt werden. Knoblauchzehen klein schneiden und in einem Gemisch aus heißer Butter und Olivenöl in eine Pfanne geben. Wenn sie anfangen braun zu werden herausnehmen und in das heiße Öl die Brotscheiben rösten. Den Knoblauch dann auf die Brotscheiben streuen.

mit Knoblauch

Frikadellen aus Rindfleisch in Dosen

2 Dosen Rindfleisch
5 bis 6 gekochte Kartoffeln
2 Zwiebeln
3 Zehen Knoblauch
3 Eier
Olivenöl
italienische Gewürzmischung
Mehl

1 Flamme

Zwiebeln würfeln, gekochte Kartoffeln mit der Gabel zerdrücken, Knoblauch pressen und mit dem Fleisch sowie den zugefügten rohen Eiern und den Zwiebeln vermischen und mit etwas Salz, Pfeffer und der Kräutermischung abschmecken.

Zu Frikadellen formen mit Mehl bestäuben und in einer Pfanne mit heißem Öl braten.

Frikadellen schmecken auch kalt!

TIP:

Die Frikadellen schmecken auch kalt und können schon am Abend vor dem Törn an Bord produziert werden.

Nudelsalat

500 g Nudeln
5 Würstchen oder
1 Fleischwurst
3 Äpfel
5 Gewürzgurken
1 Paprikaschote
250 g (halbes Glas)
1 Esslöffel Miracel Whip
10 schwarze Oliven
4 hart gekochte Eier
Salz und Pfeffer

kalt

Nudeln und Eier kochen. Würstchen, Äpfel, Gurken und Paprikaschote würfeln und mit den noch warmen Nudeln und Miracel Whip vermengen. Oliven zugeben und mit Salz und Pfeffer und etwas Flüssigkeit der eingelegten Gurken abschmecken.

Hart gekochte Eier vierteln und als Dekoration auf den Salat legen.

Feine Ferienküche an Bord

Es sind Rezepte, für die am Vortag oder einige Stunden vorher eingekauft werden kann. Die Mengen sind für vier Personen gedacht.

Für große Esser wird eine kleine Vorspeise wie Salami, luftgetrockneter Schinken, eingelegte Oliven, eingelegter Knoblauch oder frisch gekaufter Räucherfisch empfohlen. Dazu wird Brot gereicht.

Auch bei diesen etwas aufwendiger gekochten Mahlzeiten sind die Grundregeln der Bordküche, wie Energie zu sparen und die Einschränkung durch eine kleine Arbeitsfläche, bedacht worden.

Dabei spielt auch der Zeitfaktor eine Rolle. Die meisten Gerichte sind in kurzer Zeit zubereitet, denn es gibt auch im Hafen viel besseres zu tun, als stundenlang in der Pantry zu stehen.

Die meisten Gerichte und ihre Mengen sind für hungrige Segel-Crews gedacht. Vegetarier finden nur wenige Angebote. Verzichtet wurde auch auf Nachtischrezepte, denn im praktischen Bordalltag gibt es als letzten Gang etwas Obst, oder es wird, wenn der Hunger noch nicht gestillt ist, eine kleine Käseplatte aus dem Kühlfach gezaubert. Häufig begibt sich die ganze Crew auch zum Hafenkiosk, um dort ein Eis zu essen.

Begeistert wird übrigens fast immer das Angebot eines Espressos nach dem Essen angenommen. Es empfiehlt sich die Ausstattung der Bordküche mit kleinen Tassen und Espressopulver aus dem Glas oder der Tüte – dazu reicht dann kochendes Wasser und Zucker, um ein fast echtes italienisches „Espresso-Feeling" entstehen zu lassen.

Scharfe Möhren

600 g Möhren
3 bis 4 kleine getrocknete Chilischoten
5 Knoblauchzehen
Nelkenpulver oder
1 Teelöffel voller Nelken
60 g Butter
Olivenöl
Zucker
Wasser
Salz, Pfeffer

1 Flamme

Möhren in dünne Scheiben schneiden und in etwa 30 g zerlassener Butter und einem kräftigen Schuss Olivenöl nach Zufügen der Chilischoten und der Nelken anbraten. 6 Esslöffel Wasser hinzufügen und mit Deckel etwa zehn Minuten köcheln lassen. Wenn die Möhren noch knackig sind mit Salz und Zucker abschmecken, restliche Butter und die gepressten Knoblauchzehen zufügen und noch einmal unter vorsichtigem Rühren zwei Minuten braten.

Die Möhren sollten wegen ihrer Schärfe mit Weißbrot serviert werden.

Dazu passt Rotwein.

TIP:

Dies Gericht empfiehlt sich bei großem Hunger auch als Vorspeise

Schnelle Gemüsesuppe

150 g Fühstücksspeck oder magеren Schinken
200 g Karotten
1 Bund Frühlingszwiebeln
1 Zwiebel
2 Knoblauchzehen
1 Liter Fleischbrühe
Tomatenmark
100 g geriebenen Parmesan
italienische Kräutermischung
100 g in kleine Stücke gebrochene Spaghetti

1 Flamme

Speck oder Schinken in kleine Würfel schneiden. Mohrrüben raspeln und die Frühlingszwiebel in feine Ringe schneiden, die Zwiebel hacken. Das Fleisch im heißen Olivenöl anbraten und dann Karotten, Frühlingszwiebel und die Zwiebel dazugeben und kräftig mit der Gewürzmischung würzen. Einige Minuten unter umrühren köcheln lassen. Dann werden die Fleischbrühe und ein Esslöffel Tomatenmark sowie die Spaghetti zugefügt. Etwa acht Minuten köcheln lassen bis die Nudeln weich sind.

Serviert wird die Suppe nachdem sie mit geriebenen Parmesan gewürzt wurde.

Dazu schmeckt frisches Weißbrot und ein Rotwein.

Kräutermischung
Frühstücksspeck
Karotten

Schnelle Fischsuppe

2 Gläser Fischfond
4 Lachsfilets
250 g geschälte Garnelenschwänze
50 g Krabbenfleisch
1 großes Rotbarschfilet
1 große Dose geschälte Tomaten
4 Knoblauchzehen
2 Zwiebeln
1 Bund Frühlingszwiebeln
1 Liter kräftige Fleischbrühe
2 kleine Packungen gefrorenes Suppengemüse (à 50 g)
Olivenöl
Weißwein
italienische Gewürze

1 Flamme

In dünne Scheiben geschnittene Zwiebeln in Olivenöl dünsten. Das Suppengemüse, den klein geschnittenen Knoblauch und die Tomaten und die Kräuter dazugeben und etwa fünf Minuten köcheln lassen. Das Gemüse aus der Pfanne in einen großen Topf geben, Fischfond und die Brühe hinzufügen. Nicht andersherum, weil es spritzt. Den Fisch säubern, mit Zitronensaft einreiben, Salzen und Pfeffern und in kleine Stücke schneiden. Wenn die Suppe köchelt erst die Garnelenschwänze, dann den Lachs und das Rotbarschfilet hinzufügen.

Zum Schluss die Krabben und alles etwa zehn Minuten köcheln lassen. Mit Wein, Salz und Pfeffer abschmecken.

Als Getränk empfiehlt sich Weißwein aus dem Bordkühlschrank.

Fisch suppe

TIP:

Wer einen Backofen hat, sollte dazu aufgebackenes Knoblauchbrot reichen. Es passt jedoch auch Weißbrot mit Knoblauchbutter.

Spaghetti mit Lachs

500 g Spaghetti
400 g Lachssteak
4 Esslöffel Weißwein
200 g Sahne
1 große Zwiebel
3 Knoblauchzehen
Zitronensaft
italienische Kräuter
Salz
Pfeffer

2 Flammen

Der Fisch wird vor dem Zerteilen in daumengroße Stücke geschnitten, mit Zitronensaft eingerieben, gesalzen und gepfeffert.

Während das Spaghetti-Wasser zu kochen beginnt, wird eine klein geschnittene Zwiebel in Olivenöl gedünstet. Wenn sie glasig geworden ist, trockenen Weißwein zufügen und unter Rühren den Wein verdampfen lassen. In feine Scheiben geschnittenen Knoblauch zufügen und unter Rühren kurz mit den Zwiebeln braten.

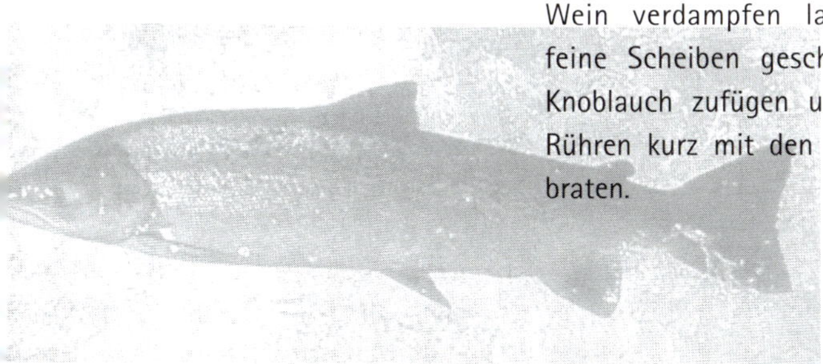

Zwiebel und Knoblauch mit der Sahne ablöschen, den in kleine Stücke geschnittenen Lachs dazugeben und fünf Minuten in der Sahnesauce köcheln lassen.

Gewürzt wird mit einer Prise italienischer Kräutermischung, wenig Salz und Pfeffer.

Die fertig gekochten Spaghetti zugeben.

Dazu schmeckt ein trockener Weißwein aus dem Bordkühlschrank.

Spaghetti mit Brokkolisauce und Garnelen

200 g geschälte
Garnelenschwänze oder
Shrimps
Butter
300 g Brokkoli
(auch tiefgekühlt)
150 g Creme fraiche
Olivenöl
Worcestersauce
500 g Spaghetti

2 Flammen

Brokkoli in 2 Zentimeter lange Stücke schneiden. Garnelenschwänze teilen oder ganze Shrimps im heißen Olivenöl etwa drei Minuten anbraten und aus der Pfanne nehmen. Brokkoli in der Pfanne mit Olivenöl etwa 10 Minuten lang garen und mit Salz und Pfeffer abschmecken. Creme fraiche zugeben und die Garnelen unterrühren und alles noch einmal erhitzen.

Mit Worcestersauce abschmecken und über die fertiggekochten Spaghetti geben.

Dazu passt Weißwein oder Bier.

Nudeln mit Steinpilzsauce

500 g Nudeln
50 g getrocknete Steinpilze
1 Zwiebel
Olivenöl
2 Knoblauchzehen
0,25 l Sahne
200 g Austernpilze
2 Esslöffel Creme fraiche
1 Bund Petersilie
5 Esslöffel Weißwein
geriebener Parmesan

2 ■■ Flammen

Pilze
Petersilie
Parmesan
Sahne

Steinpilze mit 1/8 Liter kochendem Wasser übergießen und mindestens 15 Minuten quellen lassen. Das Einweichwasser durch ein feines Sieb in eine Schüssel gießen (wg. Sand). Die Steinpilze herausnehmen und in Streifen schneiden. Zwiebeln und Knoblauch fein hacken.

Austernpilze waschen und in Olivenöl 10 Minuten braten und mit Salz und Pfeffer würzen. Austernpilze auf einem Teller wegstellen.

In der Pfanne Zwiebeln mit Olivenöl anbraten. Wenn sie glasig sind mit Weißwein ablöschen. Wein verdunsten lassen und fein geschnittenen Knoblauch und die Steinpilze zufügen und kurz mitbraten. Sahne und vier Esslöffel Einweichwasser zugeben und 10 Minuten köcheln lassen. Wenn zuviel Flüssigkeit verdampft Einweichwasser zufügen. Die Sahnesauce wird am Schluss noch einmal mit dem Einweichwasser abgeschmeckt. Dann Austernpilze und Creme fraiche zugeben und mit Salz und Pfeffer abschmecken.

Zum Schluss mit feingehackter Petersilie bestreuen und über die gekochten Nudeln gießen, vorsichtig umrühren und auf dem Teller mit wenig geriebenem Parmesan bestreuen.

Dazu schmeckt trockener Rotwein.

Spaghetti Carbonara

500g Spaghetti
250 g Frühstücksspeck
2 Eier
0,2 l Sahne
50 g geriebener Parmaean
Olivenöl

2 Flammen

Speck klein schneiden und anbraten. Spaghetti in Salzwasser "al dente" kochen. Sahne, Parmesan und Eier in einer Schüssel verrühren und mit etwas Salz und Pfeffer und einer Prise italienischer Gewürze abschmecken. Spaghettiwasser abgießen und das Eier-Sahnegemisch über die heißen Spaghetti gießen und umrühren.

Das Ganze kommt dann in die noch heiße Pfanne mit dem angebratenen Speck und wird mit ihm kräftig vermischt.

Dazu passt Rotwein

Mit geriebenem
Parmesankäse
bestreuen!

TIP:

Je nach Geschmack vor dem Servieren noch einmal mit etwas geriebenen Parmesan bestreuen.

Reis mit Hackfleisch

500 g gemischtes Hackfleisch
2 Zwiebeln
2 Knoblauchzehen
1 grüne Paprika
1 kleine Packung gefrorenes Suppengemüse (50 g)
3 Karotten
1 dünne Lauchstange
250 g Schnellkochreis
1/2 Liter Rinderbrühe
1/3 Glas Weißwein
Petersilie
Olivenöl

1 Flamme

Hackfleisch salzen und pfeffern und in Öl anbraten. Dabei mit einer Gabel zerkleinern. Dann die Zwiebeln und das klein geschnittene Gemüse zugeben. Drei bis vier Minuten dünsten lassen. Den Reis , die Brühe und den Wein zugeben und nach Garzeit des Reises köcheln lassen. Ab und zu umrühren. Falls der Reis anbrät, Olivenöl und Wasser zugeben und gut umrühren.

Vor dem Servieren mit Salz und Pfeffer abschmecken und mit der frisch gehackter Petersilie bestreuen.

Bandnudeln mit Schollenfilets

600 g Schollenfilets
500 g Bandnudeln
0,2 l Sahne
1 kleine Dose Tomaten
1 halbes Glas trockenen Weißwein
1 Bund Frühlingszwiebeln
TL Sardellenpaste
4 Knoblauchzehen
Petersilie
Olivenöl
Zitrone

2 Flammen

Die frischen Schollenfilets mit Zitronensaft beträufeln, leicht salzen und in mundgerechte Stücke zerteilen. Frühlingszwiebeln und Knoblauch in Scheiben schneiden. Tomaten zerkleinern. Die Zwiebeln dünsten und mit Weißwein löschen. Weißwein etwas verdunsten lassen und dann Knoblauch hinzufügen. Sardellenpaste, Tomaten und Sahne zugeben und etwa zehn Minuten köcheln lassen. Abschmecken mit Salz und Pfeffer.

Zum Schluss die feingeschnittenen Schollenfilets zwei Minuten mit ziehen lassen. Die Soße auf die fertig gekochten Bandnudeln geben und das Ganze mit gehackter Petersilie bestreuen.

Dazu sollte man Weißwein trinken.

Risotto mit Steinpilzen

30 g getrocknete Steinpilze
1/2 Liter Hühnerbrühe
1/2 Liter trockenen Weißwein
400 g Schnellkochreis
1 große Zwiebel
2 Knoblauchzehen
Olivenöl
geriebener Parmesan

1 Flamme

Steinpilze mit einem 1/8 Liter heißen Wasser übergießen und eine halbe Stunde quellen lassen. Die kleingehackte Zwiebel und die in Streifen geschnittenen Steinpilze in einem großen Topf in heißem Öl etwa vier Minuten dünsten, dann die Knoblauchzehen pressen und zugeben. Mit der Brühe und dem Weißwein ablöschen, die Hitze reduzieren und den Reis zugeben. Den Reis je nach Garzeit quellen lassen.

Vor dem Anrichten 100 Gramm geriebenen Parmesan unterrühren und mit etwas Salz und Pfeffer abschmecken.

Dazu schmeckt Rotwein.

Risotto
Risotto
Risotto

Schweinesteaks mit Schinken

4 Schweinesteaks
1/3 Glas Weißwein
100 g gekochter Schinken
1 grüne Paprikaschote
10 eingelegte schwarze Oliven
Kartoffelpüree aus der Tüte

2 Flammen

Oliven entkernen und jeweils in vier Stücke zerteilen. Steaks mit der Hand breitdrücken und eventuelle Fettränder anschneiden. Auf jeder Seite vier Minuten braten. Dann salzen und pfeffern, auf einen Teller legen und im Backofen warm halten. Den Bratenfond des Fleisches in der Pfanne mit dem Wein aufkochen und den klein geschnittenen Schinken sowie den in dünne Streifen geschnittene Paprikaschote und die Oliven einige Minuten garen.

Bei Bedarf etwas Olivenöl zugießen.

Der Bratenfond wird dann über die auf je einen Teller angerichteten Steaks verteilt.

Serviert wird das Fleisch mit dem nach Packungsanleitung angerührten Kartoffelpüree. Dazu passt ein Rotwein.

Fleischtopf mit Kartoffeln

400 g Rinderhack
4 Zwiebeln
8 Kartoffeln
4 Mohrrüben
0,5 l Fleischbrühe
italienische Gewürze oder Oregano
Petersilie

1 Flamme

Mohrrüben und Kartoffeln in etwa gleichgroße, fingerdicke Scheiben schneiden. Zwiebel würfeln. Hackfleisch in heißem Olivenöl mit der Gabel zerkleinern und dabei anbraten. Mit Salz und Pfeffer würzen. Dann die Zutaten in einem Topf schichten. Mit Kartoffeln anfangen und abschließen. Brühe übergießen und mit italienischen Kräutern oder Oregano würzen. Das Ganze etwa 20 Minuten köcheln lassen und vor dem Servieren mit gehackter Petersilie bestreuen.

TIP:

Dazu schmecken eingelegte Gurken, Rote Beete und ein kaltes Bier.

Zwiebeln Oregano
Karotten
Kartoffeln
Petersilie

Minutensteaks mit Paprika

8 Minutensteaks (à cirka 80 g)
2 rote und 2 gelbe Paprikaschoten
1 Zwiebel
2 Knoblauchzehen
Thymian oder italienische Kräutermischung
Olivenöl

2 Flammen

Paprika entkernen und in dünne Streifen schneiden. Zwiebel und Knoblauch würfeln. Zwiebel in heißem Öl andünsten, Knoblauch und Paprika zugeben und etwa vier Minuten braten. Mit Salz, Pfeffer und Thymian abschmecken.

Die Steaks waschen, trockentupfen, salzen und pfeffern. Auf der anderen Flamme jede Seite drei Minuten braten. (Vorsicht: es kann Fettspritzer geben)

Mit dem Gemüse und frischem Weißbrot servieren. Dazu passt Rotwein oder Bier.

Rindfleisch mit Frühlingszwiebel

500 g zarte Rinderlende
2 Möhren
1 Bund Frühlingszwiebeln
2 Zehen Knoblauch
Marinade: 3 Esslöffel Sojasauce, 2 Esslöffel Sherry, 1 Teelöffel Zucker, 1 Teelöffel Mehl.
300 g Schnellkochreis
Olivenöl
Salz, Pfeffer
Sojasauce

2 ■ ■ Flammen

Marinade mit den Zutaten herstellen. Das Fleisch in dünne Scheiben schneiden (kleiner als Gulasch), in eine Schüssel geben und mit der Marinade übergießen. Mindestens zehn Minuten ziehen lassen.

Möhren und Frühlingszwiebeln in dünne Scheiben schneiden. Wasser für den Reis aufsetzen. Ein Schuss Öl in der Pfanne erhitzen, Möhren zugeben und kräftig umrühren, nach zwei Minuten Frühlingszwiebel hinzufügen und etwa vier Minuten braten lassen. Beides aus der Pfanne nehmen.

Reis nach Anleitung in das kochende Wasser schütten und garen.

Fleisch in die mit einem Schuss Öl erhitzte Pfanne geben und unter Rühren etwa vier Minuten braten. Dann das Gemüse zufügen und Knoblauch aus der Knoblauchpresse hinzufügen. Noch einmal etwa drei Minuten unter Rühren braten.

Abschmecken mit Salz, Pfeffer und Sojasauce. Mit dem Reis servieren.

Dazu schmeckt Bier, Weiß- oder Rotwein.

Frühlings-zwiebeln

Risotto mit Schinken

350 g Schnellkochreis
1 Zwiebel
1 kleine Packung gefrorenes Suppengemüse (50 g)
125 g Zucchini
125 g Erbsen
1,3 l Hühnerbrühe
Olivenöl
150 g magerer, gekochter Schinken
Parmesan

1 Flamme

Das Öl in einen Topf (möglichst mit massivem Boden) geben und erhitzen, Zwiebeln und Suppengemüse zugeben, bei mäßiger Hitze 3 Minuten dünsten.

Zucchini und Erbsen zugeben. Zugedeckt 5 Minuten köcheln lassen. Reis und Hühnerbrühe zugeben, gut durchrühren und Reis nach dessen Garzeit weich kochen.

Den in Streifen geschnittenen Schinken und einen Schuss Olivenöl zugeben und unterrühren.

Mit wenig Salz (wegen des salzigen Schinkens und des Parmesan) sowie Pfeffer abschmecken und vor dem Servieren mit geriebenem Parmesan bestreuen.

Dazu passt Rotwein oder Bier.

Truthahnfilet mit Schinken und Käse, Butterkartoffeln

500 g Truthahnbrust ohne Knochen
4 Scheiben gekochter Schinken
125 g Mozarella
Olivenöl
Butter
500 g neue Kartoffeln

1 Flamme und Backofen

Fleisch in 4 gleichgroße Scheiben schneiden, salzen, pfeffern, in Mehl wenden und mit einer kleinen Prise italienische Gewürze bestreuen. Das Fleisch in der heißen Pfanne in einem Gemisch aus Olivenöl und etwas Butter von jeder Seite vier Minuten braten. Das Fleisch wird dann mit je einer Scheibe Schinken und dem in Scheiben geschnittenen Mozarella belegt und im heißen Backofen (auf Rost mit Alufolie) solange gegrillt bis der Käse geschmolzen ist.

Die Kartoffeln im Schnellkochtopf garen, Wasser abgießen etwa 50 g Butter in den noch heißen Topf mit den Kartoffeln geben und vorsichtig umrühren.

Wenn die Butter geschmolzen ist, mit gehackter Petersilie bestreuen und zusammen mit den Filets servieren.

Dazu passt Weißwein oder Bier.

Butter-kartoffeln

Lammkeule mit Tomaten und Reis

1 große Dose eingelegter und enthäuteter Tomaten
4 Scheiben Lammkeule (gefroren)
1 Zwiebel
3 Knoblauchzehen
Olivenöl
Weißwein
italienische Kräuter

2 Flammen und Backofen

Aufgetautes Fleisch trocknen, mit Salz, Knoblauchpfeffer würzen und im heißen Olivenöl von jeder Seite drei Minuten braten. Dann mit etwas Öl übergießen und in den wärmenden Backofen stellen.

Die Zwiebeln klein schneiden im heißen Öl andünsten und einen Schuss Weißwein zugeben. Wein verdampfen lassen. Klein geschnittenen Knoblauch dazu und zwei Minuten mitbraten. Dann die kleingewürfelten Tomaten und etwas Tomatensaft hinzufügen und mit Salz, Pfeffer und italienischen Kräutern abschmecken und zehn Minuten köcheln lassen.

Die warmen Fleischscheiben kurz in der köchelnden Sauce wenden und zusammen mit dem Reis servieren.

Dazu passt Rotwein.

Ragout mit Räucherfisch

400 g Räucherfisch
(z. B. Makrele, Schillerlocke, Heilbutt)
2 Möhren
1 Bund Frühlingszwiebel
1/8 l Fleischbrühe (Brühwürfel)
kleine Dose Tomaten
etwas Mehl
Worcestersauce
Zitronensaft

1 ■ Flamme

R

Möhren schälen und würfeln. Frühlingszwiebeln in feine Streifen schneiden. Das Gemüse wird in einem Topf mit Olivenöl fünf Minuten gedünstet und mit Mehl bestäubt. Zugegeben wird dann ein Achtel Liter Brühe und der Inhalt einer kleinen Dose Tomaten. Fünf Minuten köcheln lassen. Dann kommt der mundgerecht geschnittene Räucherfisch (etwa 400 g) dazu und man lässt das Ganze noch einmal ein paar Minuten durchziehen.

Abgeschmeckt wird das Ragout mit Worcestersoße und Zitronensaft, Salz und Pfeffer.

Dazu passt am besten frisches Brot und ein trockener Weißwein.

Makrele
Schillerlocke
Heilbutt und
Weißbrot

Seelachsfilets in Zwiebelsauce

800 g Seelachsfilet
Olivenöl
Butter
Mehl
1 Bund Frühlingszwiebeln
100 g rote Zwiebeln
250 g Creme fraiche
500 g neue Kartoffeln
1 Bund Dill

2 Flammen

Seelachsfilets waschen, abtrocknen, portionieren, mit Zitronensaft einreiben, salzen und in Mehl wenden. Zwiebeln klein schneiden (Scheiben) und in Olivenöl in einer Pfanne glasig dünsten. Creme fraiche, etwas Butter und etwas Wasser zufügen mit Salz und Pfeffer abschmecken und bei geringer Hitze 5 Minuten köcheln lassen. Anschließend in einem geschlossenen Topf wegstellen.

In der Zwischenzeit auf der zweiten Flamme im Schnellkochtopf die geschälten Kartoffeln kochen. In der gesäuberten Pfanne den Fisch in einer Mischung aus Butter und Olivenöl von jeder Seite etwa drei Minuten braten und dann die Zwiebelsauce zugeben und noch einmal aufkochen lassen.

Vor dem Servieren mit etwas gehacktem Dill bestreuen und zusammen mit den Kartoffeln reichen.

Dazu passt trockener Weißwein oder Bier.

Pochiertes Lachsfilet in Dillsauce

4 Lachsfilets
Butter
1 Bund Dill
1 Zwiebel
Weißwein
0,2 l Sahne
Olivenöl
500 g neue Kartoffeln

2 Flammen

Lachsfilets mit Zitronensaft einreiben, salzen und pfeffern, Zwiebel und Dill hacken

Zwiebeln in Butter und Olivenöl glasieren, einen Schuss trockenen Weißwein hinzufügen, aufkochen und die Lachsfilets in die Pfanne legen. Auf kleiner Flamme mit geschlossenem Deckel fünf Minuten dünsten. Lachs herausnehmen die Sahne hinzufügen und zwei bis drei Minuten köcheln lassen. Dann gehackten Dill zugeben umrühren und mit Salz und Pfeffer abschmecken und die Lachsfilets noch einmal kurz in die Sauce legen.

Serviert wird der Lachs mit im Schnellkochtopf gegarten Kartoffeln. Dazu gibt es Weißwein.

TIP:

Sie sollten die Kartoffeln im Schnellkochtopf garen. Sie werden so schneller und schonender gekocht.

Schonend garen im Schnellkochtopf!

Fischgulasch mit Kartoffelpüree

800 g Rotbarsch oder Kabeljaufilets
500 g Zwiebeln
60 g Speck- oder Schinkenwürfel
3 Knoblauchzehen
140 g Tomatenmark
0,2 l Fleischbrühe
1 kleine Dose Tomaten
italienische Kräuter
Olivenöl
Zitronensaft

2 Flammen

Den Fisch mit Zitronensaft beträufeln, salzen und pfeffern und in kleine Stücke schneiden. Zwiebel in Würfel, Knoblauch in dünne Scheiben schneiden. Speckwürfel in heißem Öl andünsten, Zwiebeln und etwas später Knoblauch zufügen. Mit der Brühe ablöschen und Dosentomaten zugeben und mit der Gewürzmischung und einem Teelöffel Paprika würzen.

Etwa zehn Minuten auf kleiner Flamme köcheln lassen. Den Fisch zugeben und noch einmal zehn Minuten ziehen lassen. Mit Salz und Pfeffer abschmecken. Und mit dem zubereiteten Kartoffelpüree aus der Tüte servieren.

Zum Fischgulasch gehört Weißwein oder Bier.

Fischgulasch
Weißwein
Bier

TIP:

Verfeinern kann man das Püree durch die Zugabe von etwas Butter.

Gefüllte **Makrelen**

4 mittelgroße Makrelen
4 Tomaten
Milder Senf
2 Knoblauchzehen
Olivenöl
italienische Kräutermischung
250 g Schnellkochreis
Brühwürfel

1 Flamme und Backofen

Ausgenommene Makrelen säubern, mit Zitonensaft einreiben und salzen. Die Tomaten klein schneiden, mit einer Gabel zerdrücken, mit 2 Eßlöffel Senf 2 Eßlöffel Olivenöl und einer guten Prise italienischer Kräuter mischen. Die Mischung gut salzen und pfeffern und damit die Fische füllen.

Die Makrelen werden dann in mit Olivenöl befeuchteter Aluminiumfolie eingewickelt.

Man muß darauf achten, dass die Füllung oder das Olivenöl nicht auslaufen kann. Die Fische etwa zehn Minuten im heißen (230 Grad) Backofen garen.

In der Zwischenzeit den Reis in Wasser mit aufgelösten Brühwürfel garen und zusammen mit den Makrelen servieren.

Butt mit Knoblauchbutter und Reis

4 Butt
Knoblauchbutter
Zitronensaft
Dill
Pfeffer
breite Aluminiumfolie

1 Flamme und Backofen oder Grill

Den ausgenommenen Butt ohne Kopf und der schwarzen Haut waschen, mit Zitronensaft abreiben und salzen. (Der Fisch wird in der Regel ohne Haut und Kopf bratfertig vom Fischer angeboten). Dann den Fisch wie ein Butterbrot mit Knoblauchbutter bestreichen, pfeffern und auf jede Seite einen Zweig Dill legen. Das Ganze wird in Aluminiumfolie eingewickelt.

Entweder kommt der Fisch für zehn Minuten in den Backofen oder aber jeweils fünf Minuten pro Seite auf den Grill. Dazu gibt es Schnellkochreis, der in einer leichten Fleischbrühe gekocht wurde.

Als Getränk zum Fisch passt immer Weißwein oder Bier.

TIP:

Es ist wichtig darauf zu achten, dass die Butter nicht auslaufen kann.

Butt
Zitronensaft
Knoblauchbutter

Garnelenauflauf

500 g enthäutete Garnelen oder Krabben
100 g Butter
200 g frische Champignons
0,4 l Sahne
Mehl
Tomatenmark
50 g geriebener Emmentaler Käse
Muskat
Olivenöl
Sherry

2 Flammen und Backofen

Champignons putzen und in feine Scheiben schneiden und mit Zitronensaft beträufeln. Garnelen in 50 g Butter und etwas Olivenöl drei Minuten braten, Champignons zugeben und zusammen etwa fünf Minuten braten, ab und zu umrühren. Nach dem Braten werden Garnelen und Pilze in eine gebutterte Form gegeben.

In der Zwischenzeit Sahne in einem Topf zum Kochen bringen und einen Teig, den man aus der restlichen Butter und einem gehäuften Esslöffel Mehl in einer kleinen Schüssel gerührt hat, zugeben. Mit wenig Salz, Pfeffer und geriebenen Muskat und einem Schluck Sherry abschmecken, einen Esslöffel Tomatenmark zugeben und unter ständigem Rühren ein paar Minuten köcheln lassen.

Diese Sauce über die Garnelen gießen und mit dem Emmentaler Käse bestreuen. Etwa zehn Minuten in den heißen Backofen (230 Grad) stellen.

Serviert wird der Garnelenauflauf mit frischem Brot und einem trockenen Weißwein.

Dänisches Krabben-Smørebrød

500 g eingelegte große Krabben
1 Ei
Kresse
dänisches Weißbrot
(Frans-Brød)
Remoulade
salzige Butter
schwarzer Pfeffer
Salatblätter

kalt

Die Krabben werden in ein Sieb geschüttet, kurz mit Wasser gespült und anschließend mit Haushaltspapier getrocknet. Sie sind dann Belag des Butterbrots, das vorher mit einem Salatblatt abgedeckt wird. Mit der Butter sollte nicht gespart werden.

Die Krabben werden mit schwarzem Pfeffer leicht gewürzt, dann mit Ei-Scheiben belegt und mit Remoulade aus der Tube und Kresse verziert.

Dazu schmeckt ein kühles Bier.

Kresse
Krabben-Smørebrød
Ei

Shrimps mit Tomaten und Schafskäse

400 g Shrimps (vorgegart)
2 kleine grüne Paprikaschoten
350g Tomaten (Dose mit ganzen, geschälten Tomaten)
2 Zwiebeln
2 Knoblauchzehen
200 g Schafskäse
2 Eßlöffel Zitronensaft
Pfeffer, Salz, Zucker
Olivenöl

1 Flamme und Backofen

Zwiebeln und Knoblauch fein hacken, Paprika in dünne Streifen schneiden und alles in einer Pfanne (ohne Stil – sie wird anschließend als Auflaufform genutzt) fünf Minuten in Olivenöl dünsten.

Die geschälten Tomaten aus der Dose würfeln, zugeben und mit Salz, Pfeffer, Zucker und Zitronensaft abschmecken.

Shrimps waschen und zufügen und 4 Minuten ziehen lassen.

Schafskäse würfeln und auf die Shrimps und Gemüse geben und etwa vier Minuten in den Backofen (200 Grad) schieben. Wenn der Käse hellbraun ist, servieren.

Dazu Weißbrot und Weißwein servieren.

Shrimps

Schnelle Küche nach dem Törn

Nach einem langen Törn ist der Hunger besonders groß, und es muss schnell etwas auf den Kajüttisch, damit die Crew nicht meutert. Kein Wunder, dass sich es viele Segler bequem machen und am liebsten ins Hafenrestaurant gehen. Manchmal ist es jedoch schon zu spät, oder es gibt keine gastliche Stätte in der Nähe, oder aber man will die Bordkasse schonen.

Es gibt viele köstliche Gerichte, die der Smutje schnell zaubern kann, vor allen Dingen, wenn die Crew dabei hilft.

Fertiggerichte aus der Dose sind passé. Was selber gekocht werden kann, schmeckt mit Sicherheit immer besser und in der Regel haben die meisten Skipper mit einer gut gefüllten Vorratskiste vorgesorgt. Wer vor dem Törn mit den angegebenen Rezepten eine Einkaufsliste schreibt und gezielt einkauft, ist immer auf der sicheren Seite.

Die Mengen sind für vier Personen gedacht. Wer für zwei Personen kocht, kann etwas weniger als die Hälfte rechnen.

Spaghetti mit Gorgonzolasauce

500 g Spaghetti
250 g Gorgonzola
100 g geriebener Parmesan
1 Becher Sahne (200 g)
schwarzer Pfeffer
Muskatnuss
Olivenöl

2 Flammen
ca. 15 Minuten

Spaghetti in Salzwasser kochen. Den klein geschnittenen Käse in einer Pfanne unter kleiner Flamme mit etwas Olivenöl unter Rühren verflüssigen. Sahne zugießen und aufkochen. Mit Pfeffer und einer kleinen Prise Muskatnuss abschmecken und den Parmesan zugeben.

Die Sauce möglichst heiß über die Spaghetti geben.

Spaghetti mit Pesto und Pinienkernen

500 g Spaghetti
1 großes Glas Pesto (grün)
30 g Pinienkerne
Parmesan
Olivenöl

2 Flammen
ca. 15 Minuten

Spaghetti in Salzwasser kochen. Die Pinienkerne in einer Pfanne bräunen und vom Feuer nehmen. Pesto in einen kleinen Topf geben und kurz bevor die Nudeln fertig sind mit gleicher Menge kochendem Nudelwasser verdünnen und gut umrühren.

Fertige Spaghetti mit einem kräftig Schuss Olivenöl übergießen, das Pesto hinzufügen und gut mischen.

Vor dem Servieren die Pinienkerne zugeben.

Je nach Geschmack mit geriebenem Parmesan auf dem Teller abschmecken.

Scharfe Knoblauchspaghetti

500 g Spaghetti
Olivenöl
2 kleine getrocknete Chilischoten
8 Knoblauchzehen
1 Bund Petersilie
geriebener Parmesankäse

1 Flamme
ca. 15 Minuten

Spaghetti in Salzwasser kochen. Knoblauch in Scheiben schneiden, die beiden kleinen Chilischoten zerdrücken und beides in 1/8 Liter heißen Olivenöl drei Minuten braten.

(Vorsicht: danach die Hände waschen und nicht mit den Fingern Augen oder Schleimhäute berühren). Geachtet werden muss darauf, dass der Knoblauch nicht anbrennt.

Fertige Spaghetti in das heiße Öl geben und gut umrühren.

Vor dem Servieren mit gehackter Petersilie und Parmesan bestreuen.

Scharfe Knoblauch-spaghetti

Paprikaspaghetti mit Spiegeleiern

500 g Spaghetti
3 rote oder gelbe Paprikaschoten
4 Eier
2 Knoblauchzehen
1 Zwiebel
Butter
italienische Kräuter

2 Flammen
ca. 20 Minuten

Spaghetti in Salzwasser kochen, Zwiebeln in Scheiben und Paprikaschoten nach dem Waschen in dünne Streifen schneiden. Beides mit etwas Salz, Pfeffer und italienischen Kräutern würzen und in heißem Olivenöl fünf Minuten dünsten. Dann wegstellen.

In der Pfanne die Spiegeleier in Olivenöl und Butter braten. Wenn die Nudeln gar gekocht sind, Wasser abgießen und das Gemüse einrühren und mit Paprikapulver würzen.

Zu den fertigen Spiegeleiern servieren.

Paprika
spaghetti

Spaghetti mit Thunfisch

500 g Spaghetti
1 Dose Thunfisch in Öl
1 Glas Tomatensauce mit Kräutern (400 g)
1 Esslöffel eingelegte Kapern
1 große Zwiebel
2 Knoblauchzehen
Olivenöl
Salz, Pfeffer

2 Flammen
ca. 15 Minuten

Spaghetti aufsetzen, Zwiebel und Knoblauch in Würfel schneiden. Erst die Zwiebeln mit dem Öl anbraten, nach 3 Minuten Knoblauch hinzufügen. Kurz anbraten und dann die Tomatensauce hinzufügen. Öl vom Thunfisch abgießen, mit der Gabel zerkleinern und in die köchelnde Tomatensauce geben, Kapern zufügen und noch einmal kurz köcheln lassen.

Mit Salz und Pfeffer abschmecken und über die fertig gekochten Spaghetti gießen.

Thunfisch
Spaghetti
Kapern
Zwiebeln
Pfeffer

Nudeln in Schinken-Käse-Sauce

500 g Spaghetti
1 Zwiebel
60 g mittelalter Gouda
3 Esslöffel Butter
0,25 l Wasser
2 Esslöffel Mehl
0,25 l Milch
(auch H-Milch)
1 Brühwürfel oder
gekörnte Brühe
1 Ecke (62,5 g)
Sahne-Schmelzkäse
2 mittelgroße Tomaten
8 Scheiben (à 25g)
gekochter Schinken
Olivenöl

2 Flammen
ca. 25 Minuten

Nudeln in Salzwasser kochen, Zwiebel fein würfeln. Käse reiben. Zwiebeln in einer Pfanne dünsten und unter Rühren Mehl, Wasser, Milch und Brühe dazugeben. Etwa 5 Minuten köcheln lassen. Schinken in Streifen schneiden, Tomaten waschen und vierteln.

Beide Käsesorten in der Sauce unter Rühren schmelzen lassen. Mit Salz und Pfeffer abschmecken.

Schinken in die Sauce geben und über die fertigen Nudel ngießen.

Zum Schluss die Tomaten über die Sauce schütten und mit Pfeffer bestreuen.

Käse-Gnocchi mit Pesto

500 g fertige Gnocchi (Kartoffelbällchen)
Butter
100 g geriebener Parmesan
italienische Kräuter mischung
Olivenöl
1 Glas Pesto (grün oder rot)

1 Flamme und Backofen
ca. 15 Minuten

Gnocchi
Kräutermischung
Parmesan
Olivenöl

Feuerfeste Form mit Butter ausreiben und die Gnocchi verteilen. Mit wenig Olivenöl bestreichen und den Parmesan darüberstreuen. Im Backofen bei etwa 200 Grad gut fünf Minuten garen.

Pesto mit wenig kochendem Wasser mischen und vor dem Servieren über die Gnocchi geben.

Cornedbeef-Omelette

200 g Cornedbeef
8 Eier
1 Gewürzgurke
5 Scheiben Chesterkäse
Olivenöl
Sahne oder Dosenmilch
Tomatenmark

2 Flammen
ca. 15 Minuten

Cornedbeef zerkleinern, Gurke in feine Scheiben schneiden und beides mit einem Esslöffel Tomatenmark in einem Topf erhitzen. Eier mit etwa acht Esslöffel Wasser und genauso viel Sahne verquirlen und mit Salz und Pfeffer würzen.

Die Eiermasse in heißem Öl zum Stocken bringen, die Käsescheiben und das Cornedbeef auf die Eier geben und mit geschlossenem Deckel noch zwei Minuten garen.

Bei kleineren Pfannen müssen zwei Portionen zubereitet werden.

Sofort heiß servieren und dazu Brot reichen.

Cornedbeef-
Omelette

Schnelles Gulasch

250 g Rindergulasch aus der Dose
1 kleine Dose Sauerkraut
1/2 Liter Fleischbrühe (Brühwürfel oder gekörnte Brühe)
1 Becher saure Sahne (200 g)
2 Zwiebel
Olivenöl
Paprikagewürz

2 Flammen
ca. 25 Minuten

Gulasch und Sauerkraut in einen Topf mit etwas Öl geben und schmoren lassen.

Zwiebel würfeln und in Olivenöl rösten. Fleischbrühe und Sahne zum Gulasch geben, aufkochen und mit Paprika würzen. Vor dem Servieren mit gerösteten Zwiebeln bestreuen.

Brot dazu reichen.

Rindergulasch aus der Dose

Käsewürstchen

8 Würstchen
Senf
8 Scheiben Emmentaler-Käse
8 Scheiben Frühstücksspeck
Zahnstocher

1 ■ Flamme
ca. 15 Minuten

Würstchen der Länge nach so aufschneiden, dass sie gerade noch durch die Enden zusammengehalten werden. Das innere mit Senf bestreichen und je eine Käsescheibe dazwischen legen. Jede Wurst mit einer Scheibe Speck umwickeln und mit Zahnstochern (2 bis 3 pro Würstchen sind notwendig) zusammenhalten. Dann in einer Pfanne mit Deckel und wenig Öl solange braten bis der Käse geschmolzen ist.

Dazu wird Weißbrot gereicht.

Käsewürstchen

Pfannkuchen mit Thunfisch und Tomaten

3 Eier
0,5 l Milch
(auch H-Milch)
250 g Mehl
1 Dose Thunfisch
4 Fleischtomaten
Öl

2 Flammen
ca. 20 Minuten

Die Eier mit der Milch verquirlen, mit Salz abschmecken und das Mehl nach und nach zugeben bis ein geschmeidiger Teig entstanden ist.

Den Thunfisch abtropfen lassen, zerkleinern und in den Pfannkuchenteig geben.

Das Öl in einer Pfanne erhitzen. Für je einen der Pfannkuchen einen Schöpflöffel Teig in die Pfanne geben und die Pfannkuchen von beiden Seiten goldgelb backen.

Die in Scheiben geschnittenen Tomaten jeweils auf eine Hälfte der fertigen Pfannkuchen legen und leicht salzen und pfeffern. Die andere Pfannkuchenhälfte darüberklappen.

TIP:

Beim Backen der Pfannkuchen sollten Kombüse und Salon gut gelüftet werden, denn es gibt einen intensiven Bratengeruch.

Kombüse gut lüften!

Würstchensalat

8 Würstchen
2 Gewürzgurken
4 Tomaten
2 Zwiebel
Öl
Essig

kalt

Würstchen, Gurke und die gewaschenen Tomaten in Scheiben schneiden. Die Zwiebel in sehr dünne Scheiben schneiden. Alles in eine Schüssel geben und verrühren. Mit 3 Esslöffeln Öl, 2 Esslöffeln Essig, Salz und Knoblauchpfeffer eine Marinade rühren und mit dem Würstchensalat vermischen. Kurz durchziehen lassen.

Dazu gibt es Brot

Pellkartoffeln mit Kräuterchampignon

500 g kleine Kartoffeln
300 g Champignons
150 g Kräuterbutter
gesalzene Butter

1 Flamme und Backofen
ca. 20 Minuten

Kartoffeln waschen und im Schnellkochtopf garen. Frische Champignons putzen und in Scheiben schneiden. Die Pilze in eine Auflaufform legen, etwas salzen und pfeffern und die Kräuterbutter als Flöckchen darüberstreuen. Dann zehn Minuten lang im Backofen (ca. 220 Grad) garen.

Die Pilze zu den Kartoffeln servieren. Dazu etwas salzige Butter reichen.

Kräuter-
champignons

Gnocchi mit Salbei

500 g Gnocchi
(Kartoffelklößchen)
2 Teelöffel getrocknete
Salbeiblätter
100 g Butter
Olivenöl
Parmesankäse
Salz, Pfeffer

2 ■■ Flammen
ca. 15 Minuten

Gnocchi aufsetzen, Butter in einer Pfanne zerlassen, einen Schuss Olivenöl zufügen und dort die getrockneten Salbeiblätter darin kurz köcheln lassen. Die Butter darf nicht braun werden. Mit Salz und Pfeffer abschmecken und über die fertigen Gnocchi gießen.

Mit reichlich geriebenem Parmesan bestreuen.

Salbeiblätter
Butter
Olivenöl
Pfeffer

Sardinen ala Cythera

3 Dosen Sardinenfilets in Öl
1 Zwiebel
1 Esslöffel eingelegte Kapern
8 Scheiben Brot
Butter
Salz/Pfeffer
italienische Gewürzmischung

Öl aus den Sardinendosen abgießen und die Filets in einer Schüssel mit der Gabel zerkleinern. Die fein zerhackte Zwiebel und die Kapern untermischen und mit Salz und Pfeffer abschmecken. Falls die Mischung zu trocken ist, etwas Olivenöl einrühren.

Die Sardinenmischung wird auf die dick mit Butter beschmierten Weißbrotscheiben gehäuft.

kalt

italienische Gewürze
eingelegte Kapern
Sardinenfilets

TIP:

Es empfiehlt sich, die Sardinen Cythera mit Messer und Gabel zu essen.

Rührei-Variationen

8 Eier
8 Esslöffel Milch oder Sahne
1/2 Teelöffel Salz
1 Prise Pfeffer
Olivenöl oder Butter

1 Flamme
ca. 15 Minuten

Die Eier aufschlagen und mit der Sahne und dem Salz verquirlen und unter Rühren in der Pfanne stocken lassen. Das Rührei sollte dabei leicht und großflockig bleiben.

Variationen

Variationen (mit in die Pfanne geben)

200 g kleingeschnittener geräucherter magerer Schinken und ein Bund gehackter Schnittlauch.

150 g fein geblätterte Champignons und italienische Kräuter

200 g Krabbenfleisch

2 kleingeschnittene Tomaten und eine klein geschnittene Gewürzgurke

100 g geriebener Käse und eine kleine Dose Mais

Conny's Frankreich Küche

Konrad Kubisch aus Würzburg ist als Langfahrtensegler irgendwann einmal in Frankreich „hängengeblieben“ und arbeitet als freier Journalist seit vielen Jahren für deutsche Medien. Seine französische Frau Sylvie betreibt in der Nähe von Biarritz an der Atlantikküste seit vielen Jahren erfolgreich das Europäische Feriendorf Albatros.

Dort sah der Hobbykoch aus Franken dem Küchenpersonal immer wieder über die Schultern.

Ab und zu lassen es sich die Kubischs nicht nehmen, selbst am Herd zu stehen, um Delikatessen der berühmten Südwestfranzösischen Küche (Region Aquitanien) bei besonderen Anlässen auf den Tisch zu bringen. Als Segler weiß Conny jedoch auch, wie man in der kleinen Pantry an Bord kochen muß und hat für Sie einige ausgefallene Rezepte notiert.

Es sind alles Gerichte, die einfach zu kochen sind, die aber ein High-light in jeder Bordküche sein können.

Salade de "Chèvre chaud"

(warmer Ziegenkäsesalat)

grüner Salat
Speck
Zwiebeln
Ziegenkäse
Baguette, geschnitten
Knoblauch
Olivenöl
Balsamico-Essig
Olivenöl

Ziegenkäsesalat

Speck und Zwiebeln kurz und scharf anbraten. Etwa 4 Esslöffel Olivenöl und einen Schuss Essig gut vermischen (Salatsauce) für jeden Teller 2 Scheiben Brot in 2 cm dicke Scheiben schneiden, mit etwas Butter auf einer Seite bestreichen und mit dem in zirka 1 cm dicke Scheiben geschnittenen Ziegenkäse belegen und überbacken. Das geht auch in einer Pfanne mit Deckel bei kleiner Hitze.

Serviert wird der "Chèvre chaud" in einem tiefen Teller. Die kleinen Salatblätter auf dem Teller verteilen und mit dem noch warmen Speck-Zwiebel-Gemisch bedecken. Darüber wird die Salatsauce gegossen, und zum Schluss das Brot mit dem warmen Ziegenkäse gelegt.

Den Teller mit einigen Tomaten am Rand dekorieren.

Eine Variante: Das Baguette kann vor dem Überbacken dünn mit Honig überstrichen werden. Darauf den Ziegenkäse legen und dann überbacken.

„Conny's Special“

ca. 400-500 g Schweinefilet
(8 Scheiben)
4 Eier
Kräuter
grüner Salat
Zwiebeln
Oliven
Olivenöl
Gewürze
50-100 g Schafskäse
Creme fraiche

Schafskäse mit Olivenöl gut durchmischen und nach Geschmack würzen. Salat waschen, kleinrupfen, Oliven, Zwiebelringe schneiden, und die Teller damit vorbereiten.

Eier, Gewürze und Kräuter (Paprika, Kräuter der Provence, klein geschnittene Oliven und Zwiebeln.), Creme fraiche je nach Geschmack und Vorlieben gut verrühren.

Dann das leicht gesalzene und gepfefferte Schweinefilet von beiden Seiten gut rosa anbraten. Die Bratensauce abgießen und die Fleischstückchen in der Pfanne verteilen. Öl hinzugeben, kurz heiß werden lassen und das vorbereitete Eier-Kräutergemisch hinzugeben – nicht über das Fleisch giessen. Je nach Geschmack bei kleiner Hitze weitere 3 Minuten braten.

Das Fleisch mit dem vorbereiteten Schafskäse bestreichen und den Pfanneninhalt in die vorbereiteten Teller legen, eventuell die Bratensauce hinzugeben. Das Ganze mit etwas Olivenöl abrunden.

TIP:

Das Verhältnis von Salat und Fleisch/Omelette sollte etwa 50:50 betragen, damit das Gericht nicht zu schwer wird.

Croque Monsieur XXL

Croque Monsieu

pro Person
2/3 Scheiben Toastbrot
(3 Scheiben bei dreifach-Toast)
Butter
4/6 Scheiben gekochter Schinken
4/6 Scheiben Emmentaler
2 EL Olivenöl
Tomaten, Zwiebeln
Knoblauch
Petersilie
grüne Salatblätter als Dekoration.

Toastbrote dick mit Butter bestreichen, mit Schinken und Käse belegen und bei 200 Grad im Backofen ca. 10 Minuten backen.

In der Zwischenzeit Tomaten und Zwiebeln in kleine Stücke schneiden. Petersilie und Knoblauch kleinhacken und alles mit dem Olivenöl gut vermischen.

Teller mit Salat vorbereiten, dann die Toasts aus dem Backofen auf die Teller legen und das Tomatengemisch darüber verstreuen.

Man kann das Tomatengemisch auch mitbacken und nach Geschmack Pilze mit Creme fraiche vermischen und hinzugeben .

Taboulé
(Couscous)

Couscous

500 g Couscous (vorgegart, mittel bis grob)
Salz
Olivenöl
Gurken
Paprika
Tomaten
Mais
Pfefferminzblätter
Rosinen
Salatkräuter
ca. 100-150 g

kalt

TIP:

Kaufen Sie vorgegarten Couscous, Sie sparen viel Zeit. Sie erhalten ihn im Supermarkt.

Das Couscous-Grieß mit heißem Wasser übergießen und dabei gut durchmischen, dann ca. 30 Minunten aufquellen lassen.

In dieser Zeit können Gurken, Paprika und Tomaten in Würfel geschnitten werden. Es können je nach Wunsch und Geschmack auch Salatkräuter und Mais hinzu gegeben werden.

Eine besondere Würze bringen einige Pfefferminzblätter und Rosinen.

Olivenöl und Salz dazugeben. Alles gut durchmischen und etwa 30 Minuten ziehen lassen.

Das afrikanische oder türkische Couscous eignet sich als Grundlage für viele Gerichte anstelle von Kartoffeln, Nudeln oder Reis. Es kann warm oder auch kalt gegessen werden.

Wer sich mehr Zeit nehmen will, kann Couscous in der Originalversion zubereiten. Hierfür Öl in der Pfanne heiß werden lassen, das Couscous in kleinen Mengen hinzugeben und unter kleiner Flamme bewegen. Dann Wasser in kleinen Mengen hinzugeben und weiter bewegen bis Sie die 500 g verarbeitet haben und das Couscous aufgequollen und weich ist.

So klumpt er nie und hält sich auch mehrere Tage.

Couscous mit Fleisch

400 g Couscous
(Zubereitung wie beschrieben)
300 g Nackenstücke vom Lamm
und/oder Hühnchenbrust,
3 Cabanossi-Würste
1 Zwiebel
Knoblauch
50 g Paprika
100 g Möhren
Porreestangen
Pimenten oder Harissa
Coriander
Ginger
50-100 grTomaten
(oder Tomatenmark)
Kichererbsen (Dose)

Couscous

Fleisch im Öl anbraten, Salz, Zwiebeln, Knoblauch, Paprika Ginger, Coriander, Pimenten, Kichererbsen und die klein geschnittene Wurst zugeben.

Dann etwas Wasser und die Tomaten dazugeben und mindestens 30 Minuten bei leichter Hitze schmoren lassen.

Das Gemüse in ca. 5 cm lange Stücke schneiden und im Saft garen lassen.

In das Couscous in Brandy oder Weinbrand eingelegte Rosinen einrühren und dann zusammen mit der Fleisch-Gemüsepfanne servieren.

Es darf viel Sauce geben, denn der Grieß hat immer „Durst".

Putengeschnetzeltes à la Albatros

400 g Putenbrust oder Filet
80 g Speck
1 große Zwiebel
1 Paprikaschote
(rot oder grün)
1 Möhre
Corianander
Muskatnus
Salz, Pfeffer
1 Esslöffel Creme fraiche
Öl

Putengeschnetzeltes à la Albatros

Putenfleisch klein schneiden, mit Speck und Zwiebeln anbraten, in dünne Streifen geschnittene Paprika und kleingeschnittene Möhren zugeben und mit Coriander und Muskatnuss würzen.

20 bis 30 Minuten schmoren lassen, Creme fraiche einrühren und mit Salz und Pfeffer abschmecken.

Dazu passen Nudeln oder Kartoffeln als Beilage.

Miesmuscheln in Weißwein

Miesmuscheln

2 kg Miesmuscheln
1 Porreestange
2 Zwiebeln
1 Paprikaschote (rot)
2 Selleriestangen
100 g Speck
4 Knoblauchzehen
1/4 l Weißwein
1/4 l Wasser

Miesmuscheln putzen und dabei darauf achten, dass die Muscheln geschlossen sind. Verdorbene Muscheln öffnen sich leicht und dürfen nicht mehr gegessen werden.

Porreestange, Zwiebeln, Karotten, Paprika, Sellerie und Knoblauch klein schneiden. Speck anbraten, Gemüse und Wasser hinzugeben und garen lassen.

Nach etwa 15 Minuten die Muscheln und den Wein zugeben, und mit geschlossenem Deckel (je nach Größe der Muscheln) etwa 10 Minuten kochen lassen.

Vor dem Servieren Flüssigkeit mit etwas Creme fraiche verfeinern.

Dazu wird Weißwein und Weißbrot gereicht.

Seelachs auf baskische Art

baskische Art

4 Scheiben Seelachs (à 200 g)
60 g Butter
200 g grüne Erbsen
1 grüne Paprikaschote
3 Tomaten
Mehl
2 Knoblauchzehen
Olivenöl
Salz und Pfeffer
Zitrone

Seelachs mit Zitrone einreiben, salzen und mit Mehl bestäuben und in einer Mischung aus Butter (etwa 30 g) und Olivenöl auf großer Flamme von jeder Seite goldbraun braten (ca. 2 Minuten pro Seite). Zur Seite stellen.

Tomaten einritzen, mit heißem Wasser übergießen und enthäuten. Erbsen, gepresster Knoblauch, gehackte Zwiebeln und in Streifen geschnittene Paprika mit der restlichen Butter und Olivenöl in einem großen Topf zirka 10 Minuten garen.

In der Zwischenzeit die Tomaten mit einer Gabel zerdrücken und hinzufügen, pfeffern und salzen, kurz aufkochen lassen.

Die Seelachsscheiben darauf verteilen und zugedeckt 5 bis 8 Minuten mitdünsten.

Dazu Kartoffeln reichen.

400-500 g Mehl
1 Beutel Trockenhefe oder
50 g frische Hefe
2 EL Olivenöl
1 TL Salz
Tomaten (Pizzatomaten aus der Dose)
geraspelter Käse

Belag: Schinken
Salami
Paprika
Artischockenherzen
Oregano,
Knoblauch
Pilze
Zwiebelringe

Um es gleich vorweg zu sagen, mit einem kleinen Trick spart man sich lange Backzeiten, und selbst in einem kleinen Backofen haben wir an Bord unserer Segelyacht für 8 Personen Pizza in 30 Minuten auf den Tisch gebracht. Der Trick ist, den Teig vorher ca. 2 Minuten bei 200 C° vorzubacken und zum Belegen der Pizzen alle Zutaten gut vorbereitet zurechtzulegen.

So wird es auch in Großküchen gemacht. Nur so kann eine Vielzahl von Pizzen schnell zubereitet werden und auch ohne speziellen Pizzaofen auf den Tisch gebracht werden.

Aber alles der Reihe nach:
Mehl, Hefe, Salz und Olivenöl gut durchkneten. Drucktest: Mit dem Finger den Teig eindrücken, kommt die Druckstelle elastisch zurück, ist der Teig gut. In einer Plastiktüte oder an einem warmen Ort den Teig ca. 30 Minuten gehen lassen.

Schinken, Salami, Paprika, Pilze, Artischockenherzen und einige Zwiebelringe schneiden.

Tomatensauce gut mit Knoblauch, Salz und Oregano vermischen und abschmecken. Legen Sie schon jetzt den Knoblauch ungeschält in die Knoblauchpresse.

Pizzaböden vorbacken

Den Teig ausrollen (immer etwas Mehl dazu benutzen) und auf das mit Backpapier ausgelegte Backblech legen. Bei 200 C° den Teig im Backofen etwa 2 Minuten vorbacken.

Blasen mit einem spitzen Messer anstechen und flach drücken. Je nach Größe ihres Backofens, können Sie mehrere Pizzaböden so gleichzeitig vorbacken.

Hefeteig benötigt Feuchtigkeit beim Backen, deshalb sollte man ein Wasserschälchen in den Backofen stellen.

Es macht nichts, wenn der Teig nach dem Vorbacken etwas auskühlt.

Drehen Sie ihren Backofen auf maximale Temperatur (ca. 220-270 C°). Belegen Sie aber nur die Pizzen, die Sie gleich in den Backofen schieben werden.

Belegen: Mit der vorbereiteten Pizzasauce, Knoblauch und Schinken den Pizzaboden belegen. Zum Schluss den geraspelten Käse, Zwiebelringe und die Oliven darauf verteilen und im vorgewärmten Backofen die Pizzen je nach Geschmack (knusprig oder weich) zwischen 2 und 4 Minuten backen.

Der Vorteil des Vorbackens: Die Pizza ist 100 % durch, der Backvorgang wesentlich kürzer und Sie können die vorgebackenen Pizzaböden in einem Gefrierbeutel einige Tage aufbewahren. Saugen Sie die Luft aus dem Beutel heraus und verschließen Sie ihn gut. Kommt dann der Pizzahunger überraschend, ist der Belag schnell vorbereitet und die Pizza in wenigen Minuten auf dem Tisch.

TIP:

Sie können Pizzaböden vorbacken und diese in einem Gefrierbeutel einige Tage aufbewahren.

Ratatouille

Ratatouille

250 g Auberginen
250 g Zwiebeln
250 g Zucchini
250 g Tomaten
6 Knoblauchzehen
1 Teelöffel Thymian
1 Teelöffel Basilikum
oder italienische Gewürze
Salz und Pfeffer
Weißwein
Olivenöl

Gemüse waschen und in Stücke oder kleine Scheiben schneiden. Die in Scheiben geschnittenen Auberginen salzen und 30 Minuten wässern (so verschwinden die Bitterstoffe). In einem großen Topf mit heißem Olivenöl braten. Dabei häufig wenden.

Zwiebeln und grobgehackten Knoblauch zugeben. Nach 5 Minuten in Streifen geschnittene Paprika und die Gewürze einrühren. Mit Salz und Pfeffer abschmecken und 10 Minuten mitgaren.

Dann die gewürfelten Zucchini zufügen, umrühren und zugedeckt einige Minuten mitköcheln lassen.

Zum Schluss die kleingeschnittenen Tomaten hinzufügen und weitere zehn Minuten im geschlossenen Topf garen. Mit etwas Weißwein abschmecken. Heiß servieren.

Dazu reichen Sie Weißbrot.

Ratatouille eignet sich auch als Beilage für Fleischgerichte und kann auch kalt gegessen werden.

Alle Rezepte wurden sorfältig ausgesucht und von den Autoren selbst ausprobiert und für gut befunden.
Sollte sich in die Angaben dennoch ein Fehler eingeschlichen haben, so bitten wir dieses zu entschuldigen.
Anregungen, neue Rezepte für die Bordküche oder auch Reklamationen können Sie gern weitergeben an
Klaus Bartels
(bartelskl@t-online.de)
oder für Conny's Küche an
Konrad Kubisch
(www.@albatros.com)

Seglers Trickkiste: Erfahrungsaustausch der Segler

Treffen sich zwei Segler... Was machen Sie? Ganz klar, sie unterhalten sich über ihre Lieblingsbeschäftigung, das Segeln.

Jeder von ihnen hat andere Erfahrungen gesammelt und deshalb tauscht man diese Erfahrungen bei jeder Gelegenheit aus. Denn, je mehr man als Segler weiß, umso besser kann man mit seinem Boot umgehen.

Diesen Erfahrungsaustausch zwischen den Seglern hat der Hamburger Journalist, Klaus Bartels, in zwei Büchern veröffentlicht:
„Seglers Trickkiste" (Band 1 und 2)

Jeder Band hat rund 140 Tipps und Tricks aus verschiedenen Bereichen, die der Journalist, selbst ein erfahrener Segler, der 16 Jahre lang bei der Fachzeitschrift YACHT tätig war, auf Stegen und in Clubheimen gesammelt hat.

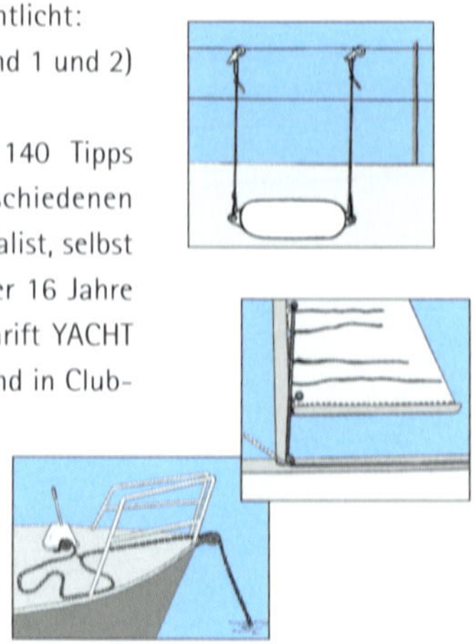

Band 1
Format 135 x 210 mm
120 Seiten, 2-farbig
Euro 12,75
ISBN 3-934919-01-6

Band 2
Format 135 x 210 mm
108 Seiten, 2-farbig
Euro 12,75
ISBN 3-934919-01-4

In jeder Buchhandlung oder direkt (zuzügl. Versand) bei:

MareTeam International
Schmalegger Straße 47
88213 Ravensburg
Fax 0751-7915538
Email mareteamInt@web.de

„Das hat Ihnen gerade noch gefehlt..."